U0299270

超级单品

李小雄 / 著

一出即爆的产品运营方法论

清华大学出版社

北京

图书在版编目（CIP）数据

超级单品：一出即爆的产品运营方法论 / 李小雄著 .

北京 : 清华大学出版社 , 2024. 8. -- ISBN 978-7-302
-67147-3

Ⅰ . F713.50

中国国家版本馆 CIP 数据核字第 2024V6P224 号

责任编辑：宋冬雪
封面设计：青牛文化
责任校对：王荣静
责任印制：宋 林

出版发行：清华大学出版社
      网 址：https://www.tup.com.cn，https://www.wqxuetang.com
      地 址：北京清华大学学研大厦 A 座　　邮 编：100084
      社 总 机：010-83470000　　邮 购：010-62786544
      投稿与读者服务：010-62776969，c-service@tup.tsinghua.edu.cn
      质 量 反 馈：010-62772015，zhiliang@tup.tsinghua.edu.cn
印 装 者：涿州汇美亿浓印刷有限公司
经 销：全国新华书店
开 本：148mm×210mm　　印 张：10.75　　字 数：232 千字
版 次：2024 年 9 月第 1 版　　印 次：2024 年 9 月第 1 次印刷
定 价：69.00 元

产品编号：104917-01

郑毓煌　清华大学营销学博导，世界营销名人堂中国区评委

营销不仅是业务增长的重要增长极，更是企业最核心的竞争力。而产品策略则是营销 4P 组合策略中的最重要决策。企业究竟该如何制定产品策略？很多人以为产品是研发部门的决策，却不知道营销也在产品决策中至关重要。《超级单品》这本书里提到的用营销思维做产品的方法，我个人非常赞同，也推荐所有希望做好产品的企业家和企业高管阅读。

曹虎　科特勒咨询集团全球合伙人，大中华及新加坡区 CEO

数智化时代，品牌需要适应并利用数字化与智能化的浪潮实现转型升级与可持续增长，包括但不限于关注增长新思维，重视数据洞察力、敏捷创新、技术赋能等能力。《超级单品》这本书很好地把打造超级单品跟数智化结合了起来，不仅适合企业做产品的人与管理者阅读，也适合做品牌的人阅读。

柯洲　笔记侠创始人、CEO

聚焦单品，做成超级单品，是存量市场下企业和品牌破局的首选路径，应该成为企业长期坚持做的正确的事情。《超级单品》这本书结合小米等国内知名企业的爆款产品打造方法，整理出了一套实用性、指导性极佳的工具体系，推荐大家阅读。

丁丰　WeBranding 博鼎国际品牌顾问集团创始人，前三星电子大中华区营销副总裁

传统的增长逻辑已经很难适应存量市场下的增长需求。通过一款有声量又有销量的超级单品，品牌的知名度和影响力都可以大幅地提升。超级单品具有销量价值、传播价值、品牌价值以及战略价值。这种打造超级单品路径的可行性和有效性已经被多次证明。怎么做出来这样的产品，《超级单品》这本书里有详细的方法论。

夏晋宇　商业课程打造专家，黑鲨磨课学院创始人

标杆企业可以用知识来撬动整个行业，提升行业的整体效率。这本《超级单品》是小雄老师打造产品的最佳实践。我不只建议你读这本书，更建议你去听一下小雄老师开设的线下培训课程，听读结合，效果翻倍。

黄力泓　知名经济学家，美国全球竞争力研究院院长

看了李小雄先生的这本《超级单品》，我极力和身边的人推荐分享！

并非每一件爆品都能被称为"超级单品"，日趋饱和的市场、越发细分的品类，在当下的商业环境中，品牌应该如何打造超级单品？

我从商业模式的角度给出了一个明确的公式：超级单品 = 大爆品 + 品牌价值 + 情绪价值。

超级单品，必定是一个更好的解决方案，捕捉未来需求，超级单品的路才会越走越宽。

一个超级大单品对企业来说，有两大意义：一是聚焦资源，无论是供应链经营、组织还是传播都聚焦于此，整个经营效能实现最优化；二是降本增利，通过做大规模让经营成本大幅下降，利润也能持续提升。

打造超级单品，就看李小雄先生的这本《超级单品》，我真心推荐！

邓勇兵　管理学博士、经济学博士后，清格企业学习、清格书房创办人。

《超级单品》是营销与产品创新领域的实战宝典。李小雄老师凭借丰富的行业经验和提炼能力，为读者揭示了打造市场爆款产品的秘诀。书中不仅定义了超级单品的核心要素，更提供了从战略定位到用户思维，再到产品创新的全方位指导，包括如何在数字化时代聚焦用户需求，运用数据驱动决策，实现品牌与销量的双重增长。这本书有深刻的市场分析和可操作的方法论，是企业管理者、产品经理和营销专家的必读之作，无论是寻求市场突破的创业者，还是希望深化品牌影响力的资深玩家，都能从中获得深刻的洞察和实用的策略。

严国志　投资人，OPPO 君睿总经理

小雄跟我是多年的好友，从一个投资人的视角来看，如果一家企业能把小雄这本《超级单品》的内容吃透用熟，就能对经营产品起到很好的引领作用。苹果单一产品的模式，即超级单品，实际上是我们这个行业里的最高境界。这样的企业也是投资人所看重的未来有长期价值和成长空间的投资对象。

在当今这个快速变化的商业世界中，能够洞察市场脉络、把握消费趋势，打造出引领行业的超级单品，已成为企业制胜的关键。《超级单品》一书，由李小雄先生倾力撰写，正是解构这一成功秘诀的宝典。

《超级单品》立足小米、苹果、三星等知名品牌，深入剖析了打造 10 亿元级以上行业品类冠军产品的成功案例，提出了通达生产超级单品的核心方法。从聚焦单品、抢占市场第一，到立足用户、打造"四好"产品，再到重构电商、借力营销，书中每一章节都充满了实战的智慧和策略。

我曾有幸邀请李小雄先生为谷仓新国货加速营的学员进行营销创新课程分享，他的课程内容生动、见解独到，赢得了学员们的一致好评。《超级单品》同样如此，它不仅是一本理论指导用书，更是一本方法与案例相结合的实战工具书。阅读《超级单品》，将助力您打造出真正的超级单品，获得在存量市场中寻找新增长点的策略，为企业开拓成功之路。

洪华

谷仓科技集团董事长

非常荣幸能第一时间看到李小雄老师的《超级单品》这本书。我跟李小雄老师认识已经四五年，曾深度参与了小雄老师的课程打磨和迭代。这套课程的逻辑一直是苹果、小米和华为这些优秀企业打造超级单品的思路。李小雄老师将这些最佳实践形成独特的方法论，是对企业产品经营领域最大的贡献。

超级单品。在这个竞争越发激烈的时代，各行各业都面临着前所未有的挑战，内卷之下很多企业陷入了迷茫，不知道如何突围，在这本书里，李小雄老师给出了答案，聚焦超级战略大单品，做到一米宽、一万米深，才能形成壁垒，才能拥有强大的核心竞争力。其实黑鲨名师磨课学院也是践行了这套方法论。

战略定位。在书中，李小雄老师提出了数据决策的思维方式，这一点让我印象深刻，长期以来很多公司都是老板拍脑袋做决策，导致出现了很大的战略失误。到底什么样的决策才是科学的、精准的、对战略具有指导意义的？小雄老师提出数据决策这个概念，非常及时，尤其在当下的数字化时代，我们要靠数据开天眼，精准决策，抢占机会，在红海中找到蓝海，这一点我深有感触！

用户思维。我一直在思考小米为什么能在这个时代赢得人们的追捧，小雄老师在这本书里给出了答案，那就是和"用户做朋友"，也就是我们一直所说的粉丝经济。做产品必须要有用户思维，深挖用户的痛点，找到用户的需求，才能打造出用户喜欢的产品，才能形成口碑，进而拥有更大的流量，得流量者得天下，这本书解释了商业的本质！

重构电商。当下99%的盈利的公司都借助了电商的力量，比如抖音、视频号、小红书等，小雄老师提出了"打造超级单品成功的超级舰队"，这个概念非常吸引人。过去我们传统的组织大部分都是依靠销售和渠道驱动，到了数字经济时代，必须全域营销，即线上和线下结合，对组织的要求更高，这就需要搭建一支超强的超级舰队，这段时间黑鲨名师也正在思考组建线上团队的想法，恰好看到小雄老师这本书，受益匪浅！

借力营销。我们看到最近很多热点，比如网红城市哈尔滨、淄博等，它们借助热点成为超级网红城市。同时，我们也可以看到，很多企业家也是借势营销的高手，比如周鸿祎、董明珠和雷军，都是借助热点事件提升公司的影响力的高手。小雄老师提出了一个观点就是，"无内容不营销，好内容就是好营销"，借力营销的本质其实就是内容营销，只有好的内容才能爆，才能形成疯传效应！

产品创新。在产品创新方面，小雄老师功力深厚，提出了产品的"四好"：好看、好用、好玩、好晒，才是用户心里的好产品。这一点我感触深刻，现在很多人吃美食之前都要拍照，在朋友圈晒晒才行，好产品一定要满足人们的情绪价值。只有高颜值、高品质、高性价比的产品才能卖爆，小米的成功之道莫过于此。

超级衍生。当超级战略大单品击穿市场以后，会带来巨大的流量，一个超级组织必须学会自我进化，形成产品组合，最终以数字化来提升整体效率，才能在极致竞争的时代脱颖而出！

这本书有很强的实用性，能够帮助企业家、产品经理、营销人员系统地学习实战内容。我们也期待李小雄老师能深耕超级单品领域，写出更多助力实战的优秀的作品！

张彦

黑鲨名师创始人

为什么要写这本书？

为什么要写《超级单品》这本书呢？作为一个有着 20 多年一线操盘经验的老销售、老营销、老运营，我的人生原本是没有写书这个计划的。

但在过去一年多时间里，我从一线业务走向讲台，给 400 多家企业，做了几百场的培训和分享。每次分享，大家都反响热烈，充满着对未知的探索、对答案的渴求，我的责任感便油然而生，希望自己能全力以赴，以书为媒介，总结我的所有经验和思考，帮助企业和经营者成长。

小米创始人雷军在分享他的成功秘诀时讲过，"99% 的问题都有标准答案，找个明白人问一下就好"。通过咨询有经验的人，能够快速定位问题、解决问题。因为有经验的人往往已经经历过类似的场景，并且找到了解决问题的方法。无论是学业、工作、生活，还是团队管理、企业经营，多与过来人交流，避免独自瞎琢磨，才能高效地解决问题。

企业的成功不可复制，但产品、品牌的成功路径却是可以复制、值得学习的。

20多年来，从线下到线上，从步步高随身听、OPPO音乐播放器、OPPO手机、三星手机到小米电商、小米手机、小米电视等超级单品打造，我曾操盘大几千亿元的产品销售和经营，同时还为海尔、统帅、日日顺、卡萨帝、海信、荣耀、联想、宝洁、好孩子、辉山乳业等近百家企业提供过产品营销及超级单品打造的项目咨询。《超级单品》这本书里包含了我所有的实战操盘经验和心得总结。

超级单品，就是以用户为核心，聚焦单品，将产品的核心功能做到独到，体验和品质做到极致。让产品具有高颜值、高品质、高性价比，让用户始于颜值，终于品质，陷于品牌，通过口碑效应带来流量和销量。

超级单品不仅在初期可以爆发式销售，同时还具有转化为品牌的潜力，甚至能够成为品类的代表，通过超级衍生开发出更多系列产品，构筑起品牌护城河。

超级单品并不等于爆款产品，爆款产品往往聚焦在短时间的销售爆发上，但也仅限于此，它只停留在产品的维度，对品牌的助力有限，经常如昙花一现。但超级单品是历经新品—爆品—超级单品逐步迭代衍生而来的。

超级单品兼具流量与利润价值，不仅是品牌的"现金牛"产品，同时也是品牌长期稳健增长的重要支撑。它在企业营收中举足轻重，甚至在整个品类或行业中都是颇具影响力的明星产品。市场越大，越需要聚焦单品，要做成全国超级单品、全球超级单品。成功的品牌都是从大单品一步一步走过来的。

做好超级单品的方法可复制可学习。打造超级单品可以通过战略、营销、产品三个方面，以及战略定位、用户思维、重构电商、借力营销、产品创新、超级衍生六个步骤得以实现。

就战略而言，建立超级单品是企业的核心产品的战略，一万个用户，就是十万件销售。

超级单品是数智时代品牌成功的捷径。首先要看清时代趋势，看懂行业发展，利用数据技术，重塑行业认知，从红海中找到蓝海，聚集一个场景、一个品类、一类用户，找到需求，找到痛点，找出竞争策略。

要有用户思维，数智时代需要更多地研究用户。和用户做朋友，把用户放到数字化的场景中，找到数字化触点；学会和用户沟通，以用户为中心去邀请用户参与营销，做产品创新、开发等。

就营销而言，先做好营销才能做好产品，不爆不做，好产品就是最好的营销。

营销不是广而告之，而是为了更好地服务用户。通过借力营销，学会造势、借势、顺势，打造数字化的用户场景。通过超级单品、电商平台和好的内容，通过用户去带动品牌的发展，把品牌建设变成结果，变成福利效益，实现品销协同。

万物归宗，一切皆电商。数智时代，电商不仅是线上卖货，更是用户成交和体验的数字化场景，要重构电商的战略布局。电商不仅要做到从线上到线下，由公域至私域，还要提供好的内容。未来，一定是线上交易、线下只提供体验和交付的场景。

就产品而言，用户认为好的产品，才是好产品，好产品都应该具有四大核心价值。

同时满足好看、好用、好玩、好晒的产品才有价值。用户是分层的，消费更是分层的，产品不仅要满足用户功能价值需求，更要满足其情感价值需求。利用价值曲线找出用户的强价值点需求，利用产品创新六个方面，迭代升级出用户心目中的好产品。

超级衍生是一个超级武器，可以做到从超级单品到大产品矩阵。通过超级迭代、品类拓展，衍生出一类具有家族面貌的产品矩阵来代表品类、沉淀品牌、服务用户，打造企业数字化团队、数字化思维、数字化流程，形成数字化组织。

其实，做超级单品并不难，只要按照一定的方法，以数据为抓手，以用户为导向，以工具为辅助，成功势在必得。

99%的问题都是有标准答案的。

《超级单品》这本书给出了打造百亿级超级单品，以及打造行业品类冠军的超级单品和品牌快速增长的标准答案。

通过成功打造超级单品，带动品牌增长，有品牌的增长才能有企业的发展。一款超级单品就能成就一家企业，带动一个行业品类快速发展。

关于这本书的内容

本书总共三大部分7个章节，全面介绍了如何打造一款能成为行业品类冠军的超级单品。

第一部分主要是第1章，介绍什么是超级单品，为什么要做超级单品，超级单品如何才能做到行业品类冠军推动企业和品牌的增长。

第二部分包含第2到第4章，介绍超级单品先卖后做、不爆不做的方式方法。战略定位部分，介绍通过数据策略，帮助企业做超级单品的"战略三定"。

第三部分包含第5到第7章，介绍如何进行营销，如何来做三高四好产品，如何通过超级衍生进行品类拓展，开发产品矩阵，形成竞争力。

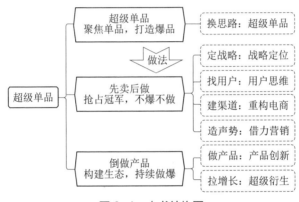

图 0-1　本书结构图

通过这本书，我希望能给大家讲清、讲透、讲全以下四个方面的内容。

第一，经营之道，就是聚焦核心资源打造超级单品。

数智时代，一切都在发生变化。

存量市场之下，品牌的成功没有捷径，重中之重就是要打造超级单品，超级单品是优秀企业成功的必经之路。

华为、小米、茅台、苹果等企业成功的底层逻辑都是超级单品。超级单品就是聚焦，聚焦场景、聚焦品类、聚焦用户、聚焦企业的核心资源和熟悉领域，塑造产品并通过超级单品触达用户、建立信任，通过数字技术连通线上到线下，从公域到私域，打通用户场景，让用户始于颜值、陷于品质、忠于品牌，企业从而得以持续不断地积累用户，沉淀品牌，衍生品类，最终成就自身。

第二，超级单品，就是先要做好营销再去做好产品。

过去的三四十年，中国经历了一个黄金增长期。这是一个增量市场发展的过程，消费大发展且需求明确，只要能抓住时代的红利，只要产品能满足需求就有市场，基本做什么成什么。

后疫情时代，多数行业迎来存量博弈市场之争，一切都变得不那么容易，市场凸显 K 形分化，遍地红海。

打造超级单品就是存量市场存活之道，就是从红海中找到蓝海的机会，只有先做好营销，先找到用户，在数智化用户场景下，深入场景并抓住用户的痛点、难点和需求点，做出一款好看、好用、好玩、好晒的好产品，深度满足用户的需求，才能让用户爱上自己而不能自拔。

瑞幸咖啡和茅台跨界合作的酱香咖啡就是借力营销打造的超级单品。

小米汽车的借力营销，从立项那一天就有条不紊、持续不断地开展了。通过营销持续地触达用户，筛选种子用户，大家每一次看到小米汽车的信息，其实都是营销的结果。而汽车完美下线那天，销售就是瓜熟蒂落的事情。

第三，超级单品，就是一万个用户，裂变十万个产品的销售。

用户是上帝，做营销的人都知道，过去由于空间和技术的限制，这个上帝一直都存在于品牌的心里或口号里。现在，数字技术的发展，让品牌和用户的沟通和触达可以做到无处不在、随时随地。

超级单品方法论，就是通过数字技术工具，把用户放到场景中，用研究用户数字化的生活方式取代研究产品。只有抓住场景，才能抓住用户，先积累企业和品牌的种子用户，一万个种子用户，就是十万个产品的销售。

小米最初就是通过 MIUI 社区，积累了最早的种子用户，小米也称呼这些种子用户为"梦想的赞助商"。理想汽车的成功，就是李想团队通过汽车之家经营过程中持续积累的理工科、爱好汽车的男性资源，才把自己的用户定位为城市里的奶爸群体。

第四，超级单品，就是品牌、团队和企业成功的底座。

超级衍生，是超级单品发展的有力武器。

超级单品通过超级衍生，发展品牌和品类。通过超级衍生，品牌的成功不再是过程，而是结果，通过平台、内容、用户、电商、复购来沉淀品牌，让品牌的成功成为复利效应，大量节约品牌营销的费用。产品由新品、爆品迭代为超级单品，给产品注入家族血统，形成产品矩阵，将超级单品拓展为品类代名词。

通过打造超级单品，也能让产品团队、研发团队、营销团队、品牌团队、生产团队和电商团队建立用户思维、数据思维和服务理念，打造数字化组织。

这本书能怎么帮到你？

一本书不能包治百病，但我希望通过这本书帮助企业家、CMO（首席营销官）、产品研发、市场营销、电商运营等从业人员解决在产品经营过程中遇到的痛点和困惑点。比如下面这些场景：

（1）很多人都把小米的成功归结为其爆品模式的成功，并对其进行研究，衍生出很多有关爆品的话题，尤其是在培训行业。其实这种认知是非常片面的，简单照搬和效仿，只会浪费资源、浪费时间、错失市场机会，落得东施效颦的下场。

（2）产品经理是这个时代最美好的奋斗者，他们熬白了头发，熬亮了脑门，熬出了皱纹，创造出了一个个美好的产品，为我们的生活添姿加彩，也开创了未来发展的格局。但我们也要看到，天猫每年发布的新品报告中显示，全国每年有2亿款新品上线，能畅销的不足10%，能打造成爆品的不到1%，能做成超级单品的更是寥寥无几。

究其原因，有的产品经理是以产品为中心，以自我为中心，坐在办公室里按照领导指令、跟随市场热点或照搬别人的成功模式做产品，结果是做出来的产品没有市场，也没有灵魂，更不会有市场占有率，最终被无情地拍死在沙滩上。

（3）这是一个美好的时代，一批一批的优秀创业者不断涌现，也造就了很多优秀而伟大的公司。但创业往往是千军万马过独木桥，创业者本身也是九死一生。创业团队往往一上来就先集中所有财力物力研发产品，做产品模型，试产再到量产，好不容易产品做了出来，但放到市场上一检测，却发现早有先行者，或者别的产品的零售价比自己的出厂价都便宜，用户也不买账，这才觉察到一开始找到的是伪需求。但这时已经耗费了 90% 的财力，也消磨了团队大部分的斗志，更没有人和力气去做好营销，而没有营销的企业，能活下来也是稀有物种。创业团队的第一个产品几乎决定了创业成功与否。

在书中我将从趋势、战略、品牌、产品、渠道、用户、技术、数据等方面，全面系统地讲解超级单品的成功模式，手把手教大家如何做好超级单品，同时辅以实战案例和有效工具，让你想不成功都难。

欢迎关注我的公众号"李小雄讲超级单品"或添加我的微信"leo20230608"，期待与你的交流互动。

目录

第 1 章

超级单品

超级单品模式，就是需要企业从趋势、战略、品牌、产品、渠道、用户、技术、数据等方面，全面系统地打造产品的经营能力，通过超级单品带动品牌发展，给用户更好的体验，留住用户，持续长效地积累企业资产。

每家成功的企业，都有自己的产品战略，指导企业如何做产品，如何做好产品。这是企业的灵魂，也决定了用户对产品、品牌、企业的认知。

但是，我在几千次与近万家企业的交流中发现：大多数企业是没有战略意识的。当被问及做产品的依据是什么，大家是茫然的；再被问及用户对产品的第一认知是什么，大家也是茫然的。

这就有点可怕了。好比人没有思想，没有灵魂，那做出来的产品肯定是"行尸走肉"。

也有人会问，既然这样，为什么过去做产品还卖得不错呢？

我们就要想，卖得不错，那什么是卖得不错？有没有成为行业品类冠军，有没有打造有价值的产品，有没有让用户第一时间想起你，有没有建构高溢价的品牌，企业有没有做出社会贡献呢？

做企业，做品牌，做产品，就应该择高而立，要么不做，要么就做行业领先。

过去产品卖得不错，或许可以像拼多多卖白牌产品，或许如亚马逊抄款，或许在直播间拼杀价格，但寒潮过后，什么都不会剩下。

产品做不好，就卖不动。同质化是存量市场下的常态，最终导致企业库存高，周转慢，资金回收难，90%的企业都死在这个过程中。

这就需要大家反思，在用户拥有绝对主动权的时代，面对存量市场，该如何经营产品，如何建设品牌，如何做出溢价，让用户第一时间想起我们的产品，爱上我们的产品，用了就离不开，还想着去传播我们的产品。

这就需要超级单品的产品战略，它可以帮助企业占领用户心智，打造行业第一的超级产品。

产品战略：聚焦核心资源打造超级单品

大道至简，但凡有所成就的品牌，都有一个极简的产品模式，带动品牌长期高效增长，成就品类，甚至成就企业的未来。

茅台只做好了飞天茅台，成就了后来的酱酒典范。

华为开始只做好了交换机，才有了今天的科技华为。

格力只做好了空调，成就了格力品牌。

可口可乐只做好了红罐可乐，成就了百年可口可乐。

王老吉只做好了凉茶，成就了王老吉品牌。

小米手机，2011年创业，2014年中国智能手机市场占有率第一，目前出货量全球第三。

......

这些品牌和企业的成功，都归功于超级单品的产品模式。超级单品不仅是一个产品，更是一个模式、一个体系，更是一套有效的品牌成长方法论。

品牌成功，就是超级单品的成功

当下，正值行业和市场的变革时期，中国经济由增量市场转变为存量市场。存量市场的竞争，是一场博弈和一项长跑，要求企业全面发展，考验企业的综合实力、长期运营和经营的能力，更注重品牌的沉淀、用户体验及数字资产的积累。

超级单品模式，就是需要企业从趋势、战略、品牌、产品、渠道、用户、技术、数据等方面，全面系统地打造产品的经营能力，通过超级单品带动品牌发展，给用户更好的体验，留住用户，持续长效地积累企业资产。

超级单品在品牌的发展过程中担当"中流砥柱"的作用，无论是对品牌的"开疆拓土"，还是对品牌的现金流、利润贡献等方面，它的表现都是如此突出，并一直成为品牌保持向上增长的核心驱动因素，这种现象在各个行业的发展中屡见不鲜。

超级单品来源于对趋势的判断、市场的预测、行业的洞察和数据的分析，要求有极致的产品体验，超高的性价比，高颜值的外观，还要有优秀的用户体验，完善的服务体系，更要有便捷的购买渠道，无忧的售后体系，让用户可用、可看、可玩、可晒。

时代不同，超级单品的打造策略也不同。数字技术的发展，进一步完备了超级单品成功的经营模式。触达用户、收取用户反馈变得更容易、更方便。利用数字技术发展、打造数字化超级单品，更是企业品牌成功的制胜法宝。

超级单品，是公司的战略，不是战术，也是公司数字化经营的核心发展战略。

超级单品，适合所有的行业，是未来市场核心竞争力的有力武器。

超级单品，是新数字化商业环境下产品制胜的唯一方法论体系。

超级单品，不仅是产品经营之道，更是企业数字化经营的核心策略。

超级单品，也是对一些行业的降维式打击，让行业竞争没有还手之力和招架之功。

纵观各个行业年销售过百亿并被一步步打造成超级单品的产品的实战过程，以及超级单品带动品牌发展的鲜活案例，不难发现，企业的成功不一定能够复制，但超级单品成功的模式，可借鉴，可学习，可复制。

企业的核心战略是产品战略，产品战略的核心就是超级单品。所以，企业经营产品之道，就是聚焦企业核心的优势资源，打造超级单品。

超级单品，就是行业品类第一

那么，什么是超级单品呢？我们先来看一些案例。

茅台的成功是飞天茅台单品的成功，树立了酱酒典范。

老干妈的成功是老干妈油辣椒酱单品的成功，创造了中国辣椒酱之王。

小米的成功是有如小米空气净化器一样，一个个单品的成功。从 2015 年到 2019 年，小米空气净化器一个单品累计销售额突破 100 亿元，成为空气净化器国民之选，平均每分钟售出 3.8 台，持续成为天猫、京东、拼多多、抖音、快手各平台销售冠军，一度占到品类销售额的 60% 以上。

王老吉的成功是王老吉凉茶单品的成功，曾在短短 3 年内依靠单一产品实现 14 亿元销售佳绩，开创了凉茶新品类，并主导了这一品类。其差异化的战略定位以及始终如一的定位传播执行，使得王老吉迅速在一片红海的饮料市场竞争中开辟了广阔的蓝海市场，一战成名。

瑞幸咖啡的成功，是如生椰拿铁、酱香拿铁等一系列的单品的成功。瑞幸咖啡的财报数据显示，2021 年 4 月，瑞幸推出"生椰拿铁"，这款网红产品在短短 8 个月时间内为瑞幸咖啡贡献营收 12.6 亿元，占到瑞幸年收入的 15.82%，仅这一单品全年销售量超 7000 万杯。

这款爆品不仅让瑞幸走出"财务造假"低谷，还赶超了星巴克。截至 2021 年 12 月 31 日，瑞幸门店总数达 6024 家，正式反超星巴克中国的 5557 家，一跃成为中国最大的连锁咖啡品牌。生椰拿铁的火爆，彻底带"飞"了椰子饮品。"椰风"也从咖啡领域迅速"刮"到了新茶饮领域，仅半年时间，市场就有超过 130 款椰子风味饮品推出。

同时，生椰拿铁引爆夏日饮品事件背后，椰子作为原材料，已渗入茶饮、蛋糕、面包、烹饪、护肤品等领域，带动我国椰子产业迎来新一轮利好，海南椰子产业得以振兴，我国从泰国、越南、印度尼西亚的椰子进口数量也不断增加。

乘生椰拿铁大火之势，瑞幸紧接着又和茅台推出联名饮品酱香拿铁，4 小时部分门店售空，直播销售额破千万元，单品首日销售 542 万杯，单品日销售额过 1 亿元。

这些品牌的成功，很大程度都是源于一款大单品的成功，这种大单品就是超级单品。

那该如何定义超级单品呢？我们可以从用户、产品、销量、利润、品牌、战略 6 个维度来理解。

1. 超级单品，要以用户为核心

能让用户感觉好的产品，才是好产品。超级单品，首先要让用户觉得好，什么样的产品用户觉得好呢？一定是同时满足"三高四好"的产品。"三高"就是高颜值、高品质、高性价比。"四好"就是用户感觉产品好看、好用、好玩、好晒，使用产品就是享受美好生活。

2. 超级单品，要聚焦单品

将产品的核心功能做到独到，体验和品质做到极致。好的体验，能产生好的口碑，好的口碑能带来好的流量，好流量就是好销量。

3. 超级单品，要有爆发式销量的增长

超级单品就代表着销量，没有销量一切免谈。企业经营的利

润来源于产品的销量，销量是企业发展的基础，没有销量，企业
也就没有价值，品牌无法增长。而超级单品就需要肩负销量爆发
式增长的责任，并且超级单品销量的增长，必须是爆发式，要能
够快速起量，快速占领市场，快速带来用户，并为用户提供长期
持续的价值，形成复购。

4. 超级单品，要兼具流量与利润价值

超级单品不仅是品牌的"现金牛"产品，同时也是品牌长期
稳健增长的重要支撑。

超级单品在企业营收中举足轻重，甚至在整个品类或行业
中，都颇具影响力。市场越大，越需要聚焦单品，做成全国超
级单品、全球超级单品。成功的品牌都是从大单品一步一步走
过来的。

5. 超级单品，要有转化为品牌力的潜力

超级单品甚至能够成为品类的代表，具备次生性，通过超级
衍生得到更多的系列产品，构筑起品牌护城河。

6. 超级单品，就是企业的核心战略，不是战术

超级单品战略与企业整体战略一脉相承，更看重利润、影响
力、话语权和持续性，因此讲究细水长流。

总结来看，超级单品具备 4 大特性，8 个要点，如图 1-1
所示。

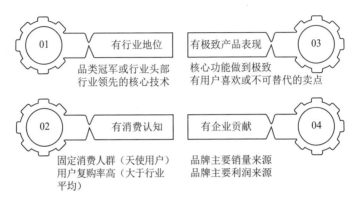

图1-1　超级单品的4大特性与8个要点

爆品易得，超级单品难求

很多人认为超级单品就是爆品，其实不然。

不是所有爆品，都是超级单品。爆品易得，超级单品难求。

超级单品，不仅是企业主要收入和利润来源，还能长期占领用户心智。它不仅能代表品类，转化为品牌价值，还拥有强大的衍生能力，能帮助企业扩大产品阵容，带动其他产品销售，形成产品集群，拓宽护城河，抵御模仿者或跟风者的挑战。例如，iPhone（苹果手机）的成功，带动了iPad（苹果平板电脑）、Apple Watch（苹果手表）等产品的销售。

而爆品，仅仅指某产品在某个时间段内的某个渠道销量高。爆品往往是光杆司令，单打独斗，难以转化为品牌势能。

爆款产品往往聚焦在短时间的销售爆发上，但也仅限于此，它只停留在产品维度，对品牌的助力有限，经常如昙花一现。

爆品，通常执行短期流量思维。不求天长地久，只求曾经拥有，甚至"过把瘾就死"，往往依赖广告营销。

超级单品的发展，有别于爆品模式的发展，是历经新品—爆品—超级单品逐步迭代衍生而来。爆品模式解决品牌活下去的问题；超级单品不仅解决活下去的问题，更是解决活得更好的问题。

爆品是网红，超级单品是长红。

爆品是短跑冠军，超级单品是长跑冠军。

爆品是企业的今天，超级单品才是企业发展的未来。

小米的成功很多人归因于其爆品，这是片面的，也是不对的，很多人学习小米做爆品，最终是竹篮打水一场空。

爆品追求的"全网最低价"更是一个毒瘤，对消费者，对渠道，对企业没有任何的好处。对品牌也起到了反噬作用，既不能带来用户，也没有留下品牌价值。

许多人把有限的时间、精力、财力、物力都放在打造爆品上，也听了很多爆品成功的经验分享，但最终做出来的爆品只是赔本赚吆喝，用户都是奔着便宜来的，产品一旦失去了价格优势，就失去了所有。用户没有复购，也没有任何忠诚度。

总结小米 3000 亿元销售规模背后成功的核心战略，重要的有三点：流量模式，用户思维，爆品战略。其战略核心不是爆品，而是超级单品（图 1-2）。

通过超级单品，小米打造了一个个品类第一的产品。每一款超级单品都是对一个行业的颠覆，每一款超级单品都创造了一个新模式，也改良了旧业态。

图 1-2 小米模式成功三大战略

品牌捷径：超级单品就是品牌持续增长的捷径

超级单品，是品牌增长破局之道

后疫情时代，各行业已经发生巨变。市场结构由 2003 年"非典"之后的增量市场，进入存量博弈竞争的时代，红海市场成为各行业新常态。

增量市场，是一个鸡犬升天、万马奔腾的市场。在大的市场趋势之下，企业和个人只要努力向前，就能取得成绩。在这个市场驱动之下，涌现了一批伟大和优秀的企业，也涌现了一批批商业英豪。他们拥有着全球视野、现代企业管理意识、品牌意识和用户思维，懂互联网，懂现代理念。

未来 10 年，大部分行业会进入不增长或者缓慢增长的时代，这是一个存量竞争的市场。

存量市场一片红海，什么都很难做，充满太多的焦虑和迷茫，太多的不确定性。不是时代变了，而是市场底层结构发生了质的变化，市场已经从一个供给驱动、以增量跑马圈地的旧环境，变为需求驱动、存量博弈竞争的新市场环境。这与我们以前的认知感受和做法很不一样，导致很多企业一时无法适应和习惯。

那么，存量市场有什么样的特征呢？

存量市场下，大批量的企业已经存在，用户群体也已经存在，用户的消费习惯和消费方式也都已经确定。总结来看，存量市场有显著的三大特征：

- 用户群体已经形成；
- 用户的消费习惯和消费意识已经形成，很难改变；
- 市场增长趋势放缓，不是不增长，但更稳定。

我们应该如何应对存量市场的挑战呢？

存量市场，危与机并存，对更多企业来讲是很好的机会。

存量市场并不是不好，需要企业的经营模式、经营意识、经营方式发生改变。

存量市场是博弈竞争，需要更好地把握住用户的消费场景、消费习惯、消费方式、消费需求、消费痛点，提供更好的服务、更好的产品、更好的体验。

这时候我们需要提升产品或者服务的价值，尽可能地让产品变得好看、好用、好玩、好晒，才能让客户记住产品，记住品牌和企业，也才能获得更大的利润。

虽然我们经常会看到诸如拼多多平台等的上面一些白牌产品卖得很好，但这只是暂时的。做企业要长红，需要持续地创造价值，需要以用户为核心，做出新品，卖成爆品，再经营成超级单品。

在存量市场中寻求增长之道，是未来企业家必须修炼的一个基本技能。就好比过去企业和企业家必须学会利用互联网、利用电商、利用数字技术的发展为企业降本增效一样。那么，超级单品模式也是在存量市场中寻找增量的企业核心战略和方法论。

存量市场是一个以用户为核心的博弈竞争市场，是一个需要经营用户心智的时代。提供更好的用户体验，更好的用户服务，让用户开心、放心、安心，才是关键。而互联网、电商、数字技术的发展，让市场从解决如何让用户找到你的问题，转变为如何让用户在需要产品和服务的时候第一时间想到你的问题。

超级单品，才能让品牌战略落地

超级单品，一定要建立在品牌战略的经营意识之上。

品牌及品牌战略涉及的范围较广，这里只重点讲讲为什么做超级单品一定要有品牌战略。

1. 品牌战略是企业实现快速发展的必要条件

中国社会已经进入品牌经济时代，大部分的用户已经具备非常强的品牌消费意识。如今，随着互联网的飞速发展，网购已经进入乡村，品牌消费也随之走进乡村。消费者购买的是产品，记住的是品牌，很少有人关注品牌背后的公司。

2. 品牌战略就是将品牌作为企业的核心竞争力和重要资产

中国的消费在升级，生存型消费正在进一步向享受型消费过渡。能够生产高品质产品的企业很多，孕育优秀的品牌却很难。高品质产品的背后一定要有品牌的依托，这就是品牌战略，企业最终的核心竞争力就是品牌力。

创立于 1974 年的富士康，用 50 年时间，沿着全球产业转移的路径，将组装代工的模式玩到了极致，是苹果产品最优秀的代工厂。

五十而知天命，但富士康不想认命，一直在寻找机会摆脱与苹果捆绑的宿命，摘掉贴在身上 50 年的"代工厂"标签，走品牌化路线。2016 年富士康收购夏普谋求转型就是践行这一理念的动作，但夏普已老，没有超级单品，传统打法支撑不了富士康的梦想。

除了收购夏普谋求转型，富士康已不止一次尝试发展自有品牌，2016 年从微软手中接过诺基亚的功能机业务，还曾与美国电子品牌富可视合作推出过 Infocus 智能手机与智能电视，但终究是难入主流市场。

即使富士康实行了"3+3"战略——"人工智能、半导体、5G+"+"机器人、电动车、数字医疗"，但这些年来始终未能跨越代工业务，且对代工业务的依赖只增不减。

富士康拥有造出苹果产品的技术，却难以塑造一个成功的品牌，一个重要原因就是没有核心的超级单品来驱动品牌发展。

3. 品牌战略是市场营销战略的核心组成部分

品牌战略来源于对宏观产业发展趋势和机会的研究，对行业主要竞争对手的竞争格局和定位的研究，对消费者的消费趋势、消费心理和消费行为的研究，以及对企业自身资源优势的分析研究。

很多传统企业，比如制造型企业、B2B 企业，采用传统营销思维不能在全新的市场中胜出，其关键原因就在于：企业一直缺乏品牌战略的思维，更没有形成品牌经营的模式。

4. 品牌战略的载体就是产品和服务，这个产品就是超级单品

要实现企业发展的目标愿景，关键在于建立品牌并不断将品牌价值最大化。

很多公司以销量为目标，每年都会制订销量增长的计划。为实现销量增长，最直接有效的方式是延长产品线，推出更多的产品。可这样一来，企业通常会发现：产品越多，企业经营越难，最终销量低迷；产品越多，同质化越严重，库存越高，越不赚钱。

所以，企业要有品牌战略，品牌战略的核心就是聚焦核心资源做超级单品。比如，农夫山泉的成功，就是依靠农夫山泉天然水这一款超级单品，它带动农夫山泉成为百亿元级的"健康饮品"的新锐品牌。

这个过程是怎么实现的呢？农夫山泉首先确立了农夫山泉天然水作为主营业务，树立了"1"，并在 2012—2019 年连续 8 年保持中国包装饮用水市场占有率第一。

主营业务立稳后，农夫山泉紧接着推出果汁饮料业务，然后是茶饮料业务、功能饮料业务、生鲜水果业务等，形成了突破200 亿元的"健康饮品"战略版图。

由天然水这个超级单品，衍生出了农夫山泉产品矩阵，执行的是非常典型的"1+N"策略，由此形成了以主营品类天然水为核心的产品矩阵，包括茶饮类、咖啡类、功能饮料类、果汁类、植物蛋白类、农产品等。

2020 年 9 月，农夫山泉在香港证券交易所上市，市值突破4000 亿港元，助推创始人一度踏上中国首富宝座。

没有品牌意识，那就只能做点小生意。缺乏品牌经营的思维，缺乏品牌运作的模式，单纯走产品销售的路子或者做个爆品，短期内能够看到销量的增长，但长期而言，企业难以形成核心竞争优势。随着竞争对手品牌运作的挤压，终究难以为继。

所以，聪明企业都掌握了如何在一个令人困惑的新世界成功搭建品牌，形成品牌战略，打造超级单品。在存量市场的当下尤其如此。

超级单品，才能延续品牌增长

企业的成功在于品牌的成功，品牌的成功要有清晰而强大的品牌战略，支持品牌战略成功的关键就是企业持续不断地增长。

但是，品牌增长不仅困扰着众多新品牌，也让那些传统老品牌夜不能寐。

这是一个美好的时代，新品牌如雨后春笋，层出不穷，但如果不能够快速增长，即便一时风光，也终究难敌市场风云变幻。老品牌虽然规模效应显著，但面对消费者的喜新厌旧，也是心有余而力不足。

那么，品牌的增长有没有捷径呢？有，超级单品就是数字化时代品牌快速增长的捷径。

通过超级单品开疆拓土，通过单品系列攻城略地，进而建立起品牌的不对称竞争路径，是品牌增长的一条有效捷径。

以新消费品牌自嗨锅的崛起为例，自嗨锅紧抓火锅消费群体，解决了一个人吃火锅的尴尬。2019 年，自嗨锅全渠道销售额近 8 亿元，同时开始扩张产品序列，推出画面、臭臭螺等子品牌，而到了 2020 年，其销售规模达到约 14 亿元。

再看传统汽车行业，五菱汽车可以说是业界网红。五菱推出定位为"人民的代步车"的宏光 MINI EV，上市后迅速成为超级单品，销量长期占据国内新能源车销量榜榜首。同时，五菱发布了全球银标，推出 MPV、SUV 多款车型。

还有元气森林气泡水和长城猫、炮系列产品等无不如此，无论是新消费品牌还是传统汽车品牌，都通过超级单品路径带来了品牌的新增长。

经营利器：超级单品解决企业经营三大痛点问题

三大痛点，让企业痛不欲生

生意难做，即便是阿里巴巴也面临这个难题。尤其是传统行业的企业，更是在存量市场中感觉到了市场的寒冬。不管是什么类型的企业，在产品经营过程中都会遇到三大挑战：做不好、卖不动、同质化，如图 1-3 所示。

图 1-3　企业产品经营遇到的三大挑战

反映在经营实际中就是：SKU 多，库存高，不赚钱。90%

的企业都死于这三大现状（图 1-4）。

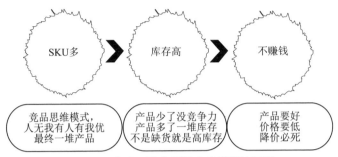

图 1-4 产品不聚焦导致企业经营的问题

企业不同，行业不同，产生问题的原因也不同，但其本质和底层逻辑都是相通的。根据交易结构，我们可以把企业分为三类：消费型企业、贸易型企业和生产制造型企业。

消费型企业，以生产和销售商品或服务来获得利润，比如华为、小米、蒙牛、伊利等。贸易型企业，以商品或服务的买卖为主要业务活动，这类企业可以通过批发、零售或混合经营等方式，实现商品或服务的流通和价值转换，比如国美、苏宁、便利蜂、汽车 4S 店等。生产制造型企业，生产或制造具体半成品或成品，比如中国石油、上海汽车、中国一汽等。

我们可以根据不同的企业类型逐一分析其经营中的痛点和难点，及产生的原因。

1. 消费型企业

（1）企业经营痛点

· 竞品思维模式：做产品，追求人无我有，人有我优，一个产品卖不好，马上另做一个，存在总会有一款产品卖好的侥幸心理，最终款款都卖不好，企业一堆 SKU。

- 渠道思维模式：认为产品卖给渠道、经销商、零售商就完事了，就算销售出去了，结果导致到处压货，渠道库存太大。产品少了没有竞争力，多了又是一堆库存，不是缺货就是库存太多，90% 的企业都死在库存和周转上面。

- 价格思维模式：认为产品卖不好是因为价格高，应对产品滞销只有降价一条路，可产品越降价，越卖不动。追求"全网最低价"是一个毒瘤，会伤害品牌、市场和用户。既要产品好，又要价格低，最终结果是企业利润没有保障。

（2）问题产生的原因

- 市场在变化，但企业做产品的思路还是老办法、旧套路。

- 新品都是由老方法而来，其中只有 1% 才能成为爆款，何谈超级单品？

- 企业以自我为重，以领导意识为中心做产品。

2. 贸易型企业

（1）企业经营痛点

- 渠道结构发生巨变，线下传统渠道逐步消失，国美、苏宁、家乐福、沃尔玛等大型商超的时代已经过去。

- 生意结构发生巨变，DTC（直接面对消费者的一种营销模式）模式、淘品牌、抖品牌快速崛起，数字零售、无界零售、场景零售崛起。

· 用户结构发生巨变，消费者的个性化、线上化、年轻化、
去中心化，让中间商更无存活空间。

（2）问题产生的原因

· 中间商对品牌的存续价值越来越低。

· 贸易型企业获取用户后产生的价值越来越低。

3. 生产制造型企业

（1）企业经营痛点

· 只是作为大企业的配角，生命线掌握在别人手里，受各
种因素制约，天天过得如履薄冰。

· 每年的规模和利润微薄，动辄行业就可能消失。

· 生产制造型企业小阳春，都在数字化转型，都在降本、
增效、提质，但多数并无实质结果。

· 还在依靠展会、传统广告、单页、转介绍等获客，
成本高，效率低，没结果是常态。

（2）问题产生的原因

· 一直都在观望，很少下手去做，看重既得利益，很难走
出舒适圈。

· 工业结构变化，大型企业数字化变革，制造模式、商业
环境都在变化，用户消费习惯改变，太多市场被淘汰。

· 生产制造型企业自己的客户市场正在被快速淘汰。如传
统汽车制造行业、传统家电行业、房地产行业等。

不同行业、不同企业所面临的挑战和现状成因各有不同，但

归根结底都是产品的问题：产品战略错误，产品方法错误，产品营销节奏错误。

企业可以依据表 1-1 自检一下，自身的经营核心问题是什么，产品维度的底层原因是什么，采取的解决办法是什么，是否有效，以及最终是否由产品产生。

表 1-1　企业经营三大痛点自检表

企业名称：				
所属行业：		企业类别：		
需要	经营三大痛点	产生的原因	采取的解决办法	效果如何？
1				
2				
3				

那么，如何解决产品做不好、卖不动、同质化的困境呢？

超级单品战略，就是企业解痛良药

产品做不好、卖不动、同质化，核心解决方法就是打造超级单品。

为什么是超级单品呢？有三个方面的核心原因。

第一，起步简单。超级单品也是产品，是做企业最熟悉的领域，只不过变成重新定义做产品，先做营销后做销售，让产品销售持续增长。

第二，见效快速。超级单品，以数据为抓手，是线上模式，也是数据模式，效率高，纠错能力强，投入少，成本可控，全程可视化。倒做产品，胜率翻倍，解决了做产品出不来、不持续、绕着走的困境。超级单品，以天使用户裂变为核心，顾客即渠道，口碑即营销，内容即传播。

第三，已被验证。小米每年卖爆数千款商品，投资多个领域，超级单品模式反复被验证，解决了做产品依靠拓渠道、价格战、打广告、开杠杆等推动增长的难题。超级单品可以避开失败，复制成功，复制战术，提炼战略，倒做战略。

两个要点一句口诀，打造超级单品

如何做好超级单品呢？其实方法很简单，就是抓住两个要点和一句口诀。两个要点是：先卖后做、倒做产品。一句口诀是：聚焦 1 个超级单品，采用 2 个核心打法，做到产品有 3 个爆点，让用户感知到产品 4 大价值（图 1-5）。两个要点前文已经讨论过，下面我将详细阐述一句口诀的内涵。

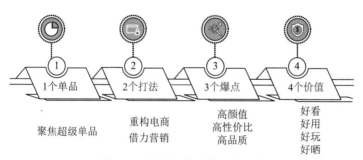

图 1-5　做超级单品的 1 句口诀

聚焦 1 个超级单品：企业的核心品牌战略，就是聚焦核心资源做超级单品，只有超级单品才可以让品牌保持持续增长。品牌能够持续增长，企业才能百年不倒。

采用 2 个核心打法：要做好超级单品，就需要采用重构电商和借力营销两个核心打法，让用户想得起、买得到，给用户好的服务体验。重构电商打法会在第 4 章重点讲解，借力营销打法会在第 5 章重点讲解。

做到产品有 3 个爆点：企业需要苦练内功，让产品具有高颜值、高性价比、高品质。让用户始于颜值，陷于品质，终于品牌。让用户看到产品颜值就想买，一看价格也买得起，用过之后就离不开。

让用户感知到产品有 4 大价值：只有顾客认为好的产品才是好产品。新消费之下，用户认为好看、好用、好玩、好晒的产品才是好产品。我们需要从这 4 大产品价值出发，重新去定义做产品的方式和方法。

企业可以通过表 1-2，检测是否具有超级单品或超级单品的潜质。

表 1-2　品牌"超级单品"产品自检表

品牌名称：　　　　　　　　　　　　　产品名称：

自检类别		自检项目	是或否
外因	行业品类	单品是否为品类冠军或者品类排名前三	
		单品是否有行业领先的核心技术	
	产品表现	单品是否有核心功能已经做到了极致	
		单品是否有消费者喜欢或不可替代的核心卖点	

续表

自检类别		自检项目	是或否
内因	消费者认知	单品是否有固定消费人群（种子客户）	
		单品是否有用户复购率（大于行业平均水平）	
	企业贡献	单品是否为品牌主要销量贡献的来源	
		单品是否为品牌主要利润来源（30%）	

注：占有 6 项及以上者具有超级单品或者准超级单品潜质，占有 4 项以上者具有
　　行业超级单品潜质。

第2章

战略定位

战略定位包括战略和定位，战略是选择，定位是放弃。

战略定位，就是做选择，不是选择做什么，而是选择放弃什么。

战略定位做什么？

战略定位，就是通过定位寻找一个与众不同、能够帮助企业成为行业第一的方法。但是，经营过企业的人都知道，企业刚开始的时候是没有战略的，都是从战术先打起来，过程中在某个节点进行总结，发现是符合某个战略的，才有了战略。

但人性是贪婪的，随着战术的积累，战略的逐步修正、迭代、升级，企业得以初具规模，这时多数企业就会倾向于多元化发展，什么都想做，什么都要做，而企业的资源和能力有限，结果就是什么也做不好，反倒给企业带来一堆库存、一堆渠道和一堆供应链，团队臃肿，组织效率低下。

这时就需要战略定位。战略定位包括战略和定位，战略是选择，定位是放弃。

战略定位，就是做选择，不是选择做什么，而是选择放弃什么。

选择不是得到，是放弃有价值的东西，所以，选择很挑战人性，往往很痛苦。

本章的核心内容是教会大家利用数据决策方法，看懂趋势，选择行业，找出赛道，做出差异化竞争策略，从而通过战略定位达到以下三个目的：

第一，通过战略定位，在打造超级单品的过程中做出正确的选择，选择行业，选择赛道，选择用户，选择竞争策略，等等。

第二，通过战略定位，集中企业优势的资源，找出企业逆势破局的核武器，给消费者一个选我们而不选竞争对手的理由。

第三，通过战略定位，建构成为行业第一的方法体系。

数据决策：没有数据就没有决策，数据为企业打开天眼

决策水平决定了一家企业的发展前景。那如何做好企业决策呢？靠经验，还是靠数据？

没有数据，就没有决策

决策是企业最重要的工作，小到一线主管，大到集团总裁，每天都在做着各种决策。正确的决策不仅影响战略发展，更加影响着战术的落地和经营的效率。

决策质量直接决定了企业的发展方向和生死。筑就百年基业还是昙花一现，都取决于战略定位。

2000 年，为顺应互联网时代信息产业的发展，也为联想能有正确的接班人，原联想集团一分为二，拆分为联想和神州数码，联想做产品，神州数码做渠道。曾经同根同源，因选择不同，联想发展成世界 500 强，而神州数码已淡出人们的视线。

那如何才能做出正确的选择呢？关键是决策的依据和标准。

传统的决策方法主要看两个方面：经验和抄作业。传统企业和企业家，多是依靠过去在市场中打拼的经验积累，来推动业务的发展和方向的选择。也有企业家向传统文化要方法，通过学习《易经》《道德经》等来做企业决策，但都是感性大于理性。随着经济的快速发展，管理和生产模式的进步，互联网的兴起，数字化的快速增长，传统的企业和企业家发现没有可靠的经验做决策了，这时他们就慌了，不知道接下来该怎么做、做什么，最终被时代所抛弃。传统经验决策流程的不足如图 2-1 所示。

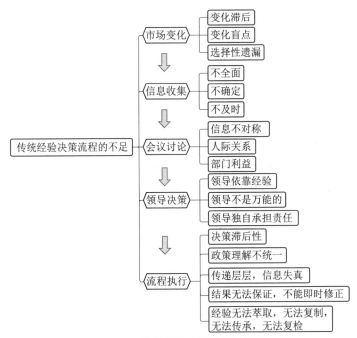

图 2-1　传统经验决策流程的不足

互联网和现代数字科技的发展过程，其实就是一部中国企业向西方企业抄作业的发展史。全球科技的发展也是这样。

最早英国瓦特发明了世界上第一台改良蒸汽机，是工业革命的源头，也是现代科技的源头。自瓦特改良蒸汽机之后，工业上利用蒸汽机发明了很多革命性产物，如蒸汽火车、蒸汽轮船等，并广泛应用到运输、纺织等工业领域，解决了人们的交通问题，提高了人们的生产、生活质量。

这是科学技术史上具有伟大意义的第一次技术大革命，轰动了整个欧洲，具有划时代意义。其推动了英国工业革命的进程，使得英国成为当时的欧洲第一强国，也为后来欧洲的技术革命奠定了坚实的基础。

后来，德国看到英国的发展，开始抄作业。不过，德国很有创新精神，总是能够创造出一加一大于二的效果，压英国一头，比如铁路、内燃机等。最终德国把自己抄成世界第一，才有实力发动"二战"。

"二战"后，美国和苏联一起抄德国的作业，它们不仅抄作业，连作业本和人一起都带走了，才有了美苏科技争霸的基础。随着美国的胜出，日本、韩国、中国台湾、新加坡又开始抄美国的作业，最终形成亚洲四小龙。

改革开放前，中国企业主要是跟着苏联老大哥抄作业。改革开放后，中国企业开始向西方企业抄作业，美国、德国、英国、日本、韩国、新加坡等，统统抄一遍；技术、模式、经营、管理、金融……样样都抄，一番操作下来，回头一看，中国企业已进入世界第一梯队，前面没有"老大哥"了。

　　这时，经验和抄作业的决策之路都行不通，那么新的决策方法是什么呢？那就是数据决策，数据策略重构决策方法和路径。

　　所谓数据决策，就是用数据来驱动决策，用数据来支持决策制定的过程。

　　数据决策，就是使用事实、指标和数据分析结果来制定战略性的业务决策，并在执行决策的过程中持续以数据分析结果为下一步工作指明方向。

　　数据决策的核心是利用真实的、经过验证的数据，而不仅仅是做出假设，从而更好地了解业务需求、制定让业务进步的决策。

　　数据决策，可以帮助企业做出正确的战略决策，提高效率和效益，也可以发现新的商机或者潜在的威胁，让决策有据可依，改善决策质量和准确性。

　　但是，数据决策有利有弊。利，就是数据的智能化处理和分析可以提高决策的准确性和效率，帮助企业实现更好地发展。弊，就是数据的滥用和误解可能导致决策偏差，甚至引发严重的伦理和隐私问题。

　　所以，在数据决策的过程中，还需要加上经验，价值会更高。

　　没有数据的决策，都是想当然，都是拍脑袋。只有数据才能有效驱动决策，只有数据驱动的决策才是客观、准确、低风险的。

　　数据驱动的决策，把企业从粗放的决策管理带到了精细化管理时代。数据驱动的决策管理，意味着更高效的流程和基于数据的、更科学的决策。数据驱动决策，让组织里的每个人以客观数据为指导，更精准地工作。

数据，帮助企业打开天眼

数智化时代，数据是企业经营最宝贵的资产，没有数据的企业就没有未来。

数字经济的发展和数字中国的建设就像一列行进的数字化高速列车，我们和我们的企业要搭上这趟列车，享受数字化时代的新红利，行至更远，就需要准备好车票和修建好车站。这个车票就是数据，这个车站就是企业的大数据平台。否则，当时代列车向你高速驶来时，你连门在哪里都找不到。

1. 数据是企业的核心资产

任正非说过，"数据是公司的核心资产，要像经营资本一样来经营数据，坚持数据经营是华为在大数据时代可以立足的重要基础"。不仅是华为，对每个企业来说，数字化时代，数据都被视为"新时代石油"。数字经济时代，推进数据资产化，成为充分激发数据要素价值的重要方式。对企业来说，核心资产正在从过去的厂房、设备逐步转向对数据的挖掘。

在无人车间的生产线上，一瓶瓶专属定制的护肤品鱼贯而出，每个产品上面都贴着一个二维码，它就像"出生证明"，每进入一个环节，机器一扫描二维码，就立刻明白需要用到哪些原料、每种原料是多少……小小的二维码成为全场通行的语言，所有的行动都可以转换成数据，工厂从生产订单下达到产品完成的整个过程，都有数据推动优化管理。

2. 数据是企业经营的天眼

企业每天都在做决策，决策的关键就是洞察，要洞察趋势、行业、市场、消费者、竞争对手和自己。要洞察这么多，企业就必须有双明亮的眼睛，这双眼睛就是数据，数据帮助企业打开天眼，拨开行业发展和企业经营中的迷雾。即使没有行业经验，也可以通过数据认清行业。互联网对各个行业的赋能都是通过研究行业数据开始的。

淘宝、天猫、京东等电商平台的"小二"，对行业的认知有时候远超行业的老专家，就是因为他们天天经营、研究、分析相关的数据。

3. 数据是企业经营的经验

企业的经营，有成功经验，也有失败经验，都一样宝贵。尤其是失败的经验，可以通过数据记录、追踪、分析，找到失败的核心原因，防止再次发生，也可以跟踪成功的经验，有效复制。

4. 数据是企业的效率工具

数据可以助力深入了解客户需求、市场趋势、竞争情况、产品性能等，从而准确预测未来走向、制订更科学的计划和决策，最终提高工作效率和效益。

过去，在没有数据驱动下的店铺选址，一般需要 3~6 个月时间，存活率还不一定很高。麦当劳、肯德基之所以厉害，就在于开店选址的能力。而数据驱动下的门店智能化选址，利用数据分析选择功能，使得门店存活率达到 70% 以上，用时一周不到，效率大幅提升。苏宁易购发布的 2023 年年度报告显示，截至 2023 年 12 月 31 日，苏宁易购零售云店总数达到 10729 家，自苏宁 1990 年成立，历时 34 年。2012 年 10 月 30 日，小米创始人雷军通过社交媒体表示，小米之家第 10000 家店"深圳欢乐海岸店"正式开业。以数据驱动店铺选址的小米，开 10000 家店用了 11 年，主要就是因为采用数字化工具大幅提升了效率。

"世界上只有一条护城河，就是不断创新，不断地疯狂创造长期价值。"

那么，数据到底能帮助企业具体做什么？主要有如下六个方面：

第一，更精确地认清行业。对行业的认知，是企业经营最重要的环节，认清行业，顺势而为，是企业家的责任。数据可以帮企业家打开天眼，看懂趋势和行业。

第二，更科学地决策。数据时代，企业可以通过大数据分析和挖掘，获取更加丰富、准确、全面的信息，帮助企业作出更加科学的决策。

第三，更高效地生产和管理。通过数据时代的信息技术，企业可以实现生产、管理等方面的数字化和自动化，提高生产和管理效率。

第四，更精准地营销。通过数据分析和挖掘，企业可以了解客户的需求和行为，制定更加精准的营销策略，提高营销效果。

第五，更优化的产品和服务。通过对客户数据的分析，企业可以了解客户的需求和行为，从而优化产品和服务，提高客户满意度和忠诚度。

第六，更高效地创新。通过数据分析和挖掘，企业可以发现新的商业机会和创新点，推动企业创新，提高竞争力。

数据决策的基础是数据。但是对数据的收集、清洗、存储、挖掘、建模、可视化，再形成报告，整个决策流程是一个系统、复杂的过程，不是所有的企业都有相关专业能力做到。数据决策能提升企业效率，适合企业的决策才是最好的决策。

三步搞定超级单品的数据决策

数据的价值体现在应用上，数据应用有很多方面，本章主要是讲清楚经营数据能如何帮助企业在打造超级单品上正确决策。

打造超级单品的数据决策很简单，只要简单三步，即：找到经营数据来源、建立数据分析模型和作出正确的市场决策（图2-2）。下面具体分析每一步需要怎么做。

图2-2　三步搞定超级单品数据决策

第一步：找到经营数据来源

企业数据的来源，常见的有如下5个：

（1）企业内部数据：如企业销售数据、库存数据等。

（2）线上销售数据：如淘宝、天猫、淘宝、拼多多、抖音、快手、小红书等平台的销售数据和平台提供的行业数据。

（3）第三方机构检测的数据：如咨询机构、数据公司、调研公司等，常见的有神策数据、蝉妈妈、新抖等。

（4）互联网开发数据：例如商品评论数据。

（5）核心元器件的数据：例如通过手机内存芯片出货量，就可以预判手机销售数据，再如核心电商平台数据体系（图2-3）。

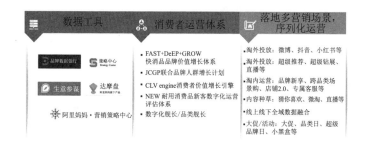

图2-3　核心电商平台数据体系

常用的第三方数据平台蝉妈妈数据分析系统如图2-4所示。

图2-4　蝉妈妈数据分析系统页面

第二步：建立数据分析模型

拿到数据之后，需要建立数据分析模型。不同的目标和输出结果，分析方式和分析模型是不一样的。

小米的雷军每周的市场决策分析报表其实就是四张，包括品类发展数据表、店铺运营数据表、商品经营数据表和活动执行数据表。依靠这四张报表，他指挥团队打造出一个个行业第一。数据决策报表不太复杂，否则就没有使用价值，也不能周而复始地跟踪结果、及时发现变化了。

常用的五种数据分析方法如下：

（1）对比分析法

对比分析法是一种常见的数据分析方法，是指将两个或两个以上的数据进行比较，分析它们的差异，从而揭示这些数据所代表的事物发展变化情况和规律性。通过数据分析比对，我们可以知道过去发生了什么（现状分析）、某一现状为什么发生（原因分析）、将来会发生什么（预测分析）。

对比分析法的特点是：可以非常直观地看出事物某方面的变化或差距，并且可以准确、量化地表示出这种变化或差距。

（2）关联分析法

关联分析法是一种十分实用的分析技术，是指从大量数据中发现项集之间有趣的关联，从而描述一个事务中某些属性同时出现的规律和模式。

一个典型例子是购物篮分析，这是一个很有趣的典型案例。美国学者阿格拉瓦尔（Agrawal）在发现啤酒和纸尿裤经常一起出现在顾客购物篮中后，进行了研究，发现"奶爸"群体是造成这一现象的原因。首先，从时间上，他们周末比工作日购买纸尿裤、喝啤酒的频率更高；其次，奶爸们喜欢看体育节目，而且更爱边喝啤酒边看，且美国的体育节目多在周末扎堆。周末妈妈通常会让奶爸去采购，奶爸出去买纸尿裤，多会顺便带些啤酒回来。

世间万物之间多多少少都会有一些关联，通过关联分析法，我们可以挖掘数据，发现这些关联规则。

（3）漏斗分析法

漏斗分析法是一个适合业务流程比较规范、周期比较长、各流程环节涉及复杂业务过程比较多的管理分析工具。例如漏斗图用于网站中某些关键路径的转化率的分析，不仅能显示用户从进入网站到实现购买的最终转化率，同时还可以展示整个关键路径中每一步的转化率。

单一的漏斗图无法评价网站某个关键流程中个步骤转化率的好坏，可以利用前面介绍的对比分析法，对同一环节优化前后的效果进行对比分析，对同一环节不同细分用户群的转化率作比较，或对同行业类似产品的转化率进行对比，等等。

（4）用户画像分析法

用户画像分析法，也叫 RFM 模型分析法。用户画像分析法是衡量用户价值和用户创造利益能力的重要工具和手段，通过将典型用户信息标签化，更好地对其开展营销活动。

RFM 模型通过 R（Rencency）近度、F（Frequency）频度、M（Monetary）额度三个指标将客户划分为 8 个类别，如表 2-1 所示。

表 2-1　RFM 模型分析法的客户分类

R 分值	F 分值	M 分值	客户类型
高	高	高	高价值用户
高	高	低	一般价值用户
高	低	高	重点发展用户
高	低	低	一般发展用户
低	高	高	重点保持用户
低	高	低	一般保持用户
低	低	高	重点挽留户
低	低	低	潜在用户

通过 RFM 模型分析，针对不同特征的用户，制定相应的产品策略和营销策略。

（5）二八法则

二八法则，也叫帕累托分析、ABC 分类库存控制法，即在任何群体中，重要的少数和微不足道的许多，80% 的销量来自前20% 的商品。二八法则是 20 世纪初意大利统计学家、经济学家维尔弗雷多·帕累托提出的，被广泛应用于项目管理、质量管理、库存管理等多个领域。

二八法则也是超级单品能成功的重要理论基础之一。

有了数据分析方法，我们可以按照图 2-5 所示流程对数据进行分析处理。

数据解读　数据纠错　数据归类　数据重构　输出结果

图 2-5　常规数据分析流程

经过经营分析、市场分析、产品分析、营销分析、消费者分析，最后做出超级单品，对于多数中小企业，我还是建议每个经营者都掌握流程和方法，然后一步步人工整理数据。整理数据的过程，就是理解市场的过程。数据整理结束，认知就有了，市场决策也形成了，效果是非常好的。

比如，要定位做超级单品数据分析，找出合适的赛道，就需要从如图 2-6 所示的五个维度去思考：平台、行业、品类、品牌、商品。

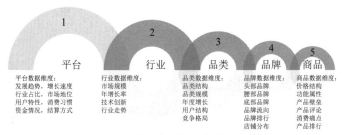

图 2-6　看清品类需要思考的五个维度

电商平台汇集了丰富的消费数据，只要把它们找出来，建立数据分析模型，就自然而然地能得出结论。

数字化企业管理系统（软件），可能是一种系统，也可能是多种系统，可以用这些系统采集数据、清洗数据、集成数据、分析数据。现在产品和技术都已经非常完善，可以直接拿过来用，我在后文附上了相关软件的具体介绍。

可能会用到的系统包括数据分析系统、CRM 系统（客户关系管理）、ERP（企业资源计划）、SCM 系统（供应链管理），还有诸多专业做商业智能数据分析的工具。但要想做经营分析，还是建议经营者学会亲自去分析数据得出结果。自己测算出来的结果和系统给出的结果，效果是完全不一样的。

第三步：做出正确的市场决策

数据决策，会经历三个阶段：经验决策、"三段论"决策和精细的数据决策。下面逐一分析每种决策的利弊。

第一阶段：经验决策

遇到没有数据、拿不到数据或数据不全的情况，就需要根据经验来决策，也就是俗话说的"拍脑袋"决定。我们可以按照之前的经验、判断、逻辑和个人认知，根据感觉和直觉作出决定。

当年恒大造车，领导者突发奇想定个目标要做行业第一，就让手下员工开干，只会打鸡血喊口号，而目标又高得离谱，领导者也给不出实现目标的办法，最后也找不出没完成目标的原因。经验决策要尽量避免出现这种情况。

第二阶段："三段论"决策

"三段"是指做什么（制订目标）、怎么做（制订计划）、做得怎么样（跟进执行）。"三段论"是一种基于两个前提得出结论的演绎推理方法，可以帮助人们更好地解决问题。通过演绎推理，可以从已知的前提中得出结论，从而避免盲目猜测和错误决策。

"三段论"决策，可以借鉴 PDCA 循环，它是全面质量管理所应遵循的科学程序。PDCA 来源于 PDS，即 Plan（计划）、Do（执行）、See（检查），它是由美国"统计质量控制（SQC）之父"休哈特（Wer A. Shewart）提出的。美国统计学家戴明博士（W. E.

Deming）对其进行深度挖掘，并应用到产品质量管理的过程中，形成了一套独具特色的科学管理体系——PDCA 循环。

P（Plan，计划）：了解现状、分析原因、制定目标、预留资源。

D（Do，执行）：制定方案、落地目标、开展方案、执行方案。

C（Check，检查）：检查过程、沟通问题、控制质量、保障结果。

A（Act，处理）：总结经验、优化目标、循环迭代。

如图 2-7 所示，PDCA 是一个循环运转的过程，每个阶段都会产生新的数据，持续地对数据做整合、分析，做数据驱动决策和数据化管理，不断优化这个循环，组织效率和工作成果就会越来越好。

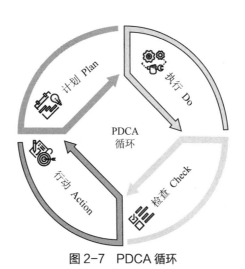

图 2-7　PDCA 循环

第三阶段：精细的数据决策

数据分析天生是为科学管理服务的。有了数据的支持，就能够做大量精细化管理。精细化的数据决策，是精细化管理的核心，需要工具和技术支持。想要提升决策的精细化程度，还需要引入数据度量和数据分析。

总的来讲，精细的数据驱动决策可以按图 2-8 所示的逻辑和步骤进行。

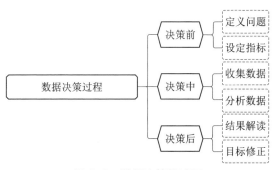

图 2-8　数据决策的过程

（1）决策前：定义问题，设定指标

定义问题：即决策前，基于对现状事实的认知，先要明确本次决策到底要解决什么问题。在组织或业务数据分析中，必须从正确的定义问题开始。问题应该是可衡量的、清晰的、明确的、可被定量描述的。比如，用数据指标定量地描述问题，预计市场空间 6000 亿元，目前已发展 5000 亿元。

设定指标：即对于被正确定义的问题，需要定义数据指标体系。数据指标体系包括数据指标、判断标准、评估体系、量化目标等。

（2）决策中：收集数据，分析数据

收集数据：打造超级单品的数据收集，数据源上更建议采用电商平台的数据或者第三方提供的电商平台数据，如蝉妈妈等。电商平台的数据收集方法主要包括关键词采集、店铺采集、链接采集等。这些方法各有特点，适用于不同的数据收集需求。收集数据，够用就行，也需要尽可能的简单、易用。

分析数据：对于收集的数据，要分析产品的原因，以及数据反映出来的问题，及时归因分析。针对执行中的问题，判断问题严重程度，确定需改善的点。对于模糊的数据，需要优化手段测试，利用测试/经验，选出合造的优化方案，观察改善效果。

（3）决策后：解读结果，目标修正

解读结果：对于数据分析的结果，还需要对方案进行评估，多方案对比，选出满意的方案。另外，根据数据得出的决策方案，还需要进行经验判定。

目标修正：依据数据策略给出的结果，对选出的方案进行进一步的修正，同时，还要对数据决策体系的数据进行复盘、迭代和改进。

数据是性感的、漂亮的，也是闪耀的，企业可以通过数据建立对未来的认知，修正错误。数据往往不会作假，但数据会骗人。同样的数据，可能会得出不同的分析结果，这时候就需要运用"经验+数据"以作出正确的决策。

附：精细化数据驱动决策软件解决方案

企业内设立有很多部门，每个部门都有自己的运转规则，有不同的软件系统帮助各部门和企业整体做科学决策。这些软件可分为以下几类：

一、大数据采集和分析类

1.代表厂商

神策数据：提供营销云、分析云、数据根基平台三大产品方案，为企业做全渠道数据采集和全域用户 ID 打通，多维度数据分析和营销层面的精准用户触达。

Growing IO：数据采集和数据分析服务商，在数据服务的基础上也提供智能运营平台、用户旅程分析、客户画像描绘和分析、精准触达用户的营销服务等。

火山引擎：字节跳动旗下的云服务平台，主要提供云基础、视频与内容分发、数智平台 VeDI、人工智能、开发与运维等服务。数据分析方面，火山引擎提供数据采集、数据分析、广告检测、数据治理、用户分析、场景化分析、开放集成、小程序集成等服务，以达到获客渠道提升、产品体验优化、私域流量运营的效果。

2.客户数据

客户数据管理和分析的系统包括 CRM、ERP、SCM，以下分别举例说明。

CRM：纷享销客主打连接型 CRM，以数据为纽带连接业务、连接人、连接系统，让企业内部、企业与客户、企业与合作伙伴都能高效协同。数据服务方面，纷享销客以精确的客户数据计算 ROI（投入产出比），以数据结果优化营销方案；销售管理方面，纷享销客将客户数据描绘成客户画像，让销售快速掌握客户信息；纷享销客还有商业智能 BI 分析平台，这个平台可以深入分析 CRM 收集到的每一笔交易所涉及的客户数据，用实时数据计算、业务系统嵌入的方式，让各级业务人员随时随地查看和分析数据，快速做出科学决策。

ERP：ERP常常与CRM整合，ERP需要CRM中的部分客户数据、员工数据，也需要CRM中记录的销售计划和销售成绩数据，还有服务方面的，CRM中客户投诉和解决情况的数据，ERP和CRM一样有订单管理模块，这部分的数据与CRM重合。很多ERP具备数据分析功能，可以直接出各种数据分析报表，以支持科学决策。

SCM：供应链管理这块的数据分析主要针对品类、商品、供应商、价格、风险等指标数据，也会提供采购管理仪表盘，为企业提供决策支持。

二、商业智能BI

Excel：大家最熟悉的、入门级数据处理与分析工具。用Power Pivot和Power Query两个插件，可以批量处理数据，在Excel上做出商业智能报表。主要分析方法是透视分析、结构分析、对比分析等。

Power BI：微软旗下的商业智能平台，可以在Office系列软件里通用和共享分析结果。Power BI支持从数百个本地和云的数据源接入数据，可使用模板低难度建模，也可用DAX公式语言自主建模，零代码的人工智能驱动数据分析。

Tableau：Salesforce旗下的商业智能分析工具，"数据＋人工智能＋CRM"驱动分析，内置Salesforce的人工智能模块Einstein，提供全集成的数据管理、可视化分析和协作，从准备数据到数据分析、组合符合需求的数据分析面板，Tableau可以给零基础人士提供易上手的数据分析工具和完整的培训。

三、CDP（客户数据平台）和营销云

CDP：CDP 是客户数据统计集成平台，可包括 CRM 的客户关系数据，也是面向业务增长的客户全域数据中台，CDP 的数据来源可以包括 CRM，但 CDP 数据包含更丰富的用户信息、交易信息、行为信息，甚至外部抓取的第三方数据。CDP 主要功能包括数据集成、标签管理、场景配置、服务管理、效果分析等。

营销云：很多 CRM 里包含营销云，单独讲营销云是因为它几乎是所有数字化管理系统里数据分析应用最多、最重要的一个。从获客到转化留存，每一步都有数据分析支持下一步的决策。具体应用在不同获客渠道获客效果对比、客户画像多维度标签化、客户转化率计算和分析、广告投放渠道对比分析等场景。

一个案例：如何利用数据做出正确的市场决策

数据可以帮助企业重建认知和认清行业，这种认知往往和我们经验中的认知、脑海中已有的认知以及口口相传的认知，是完全不一样的。如果按以往的认知去经营和布局市场，就大错特错了。这是很多企业想当然做决策，最后败得一塌糊涂的核心原因之一。

以下我将通过"用行业数据分析，重新定义保温杯"的案例，来帮助大家理解，如何通过数据做正确的市场决策（图 2-9）。

首先，我们依据生活经验和脑海中的印象，来认识一下保温杯。

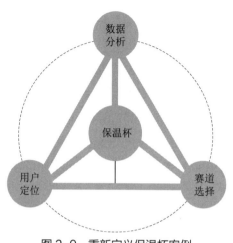

图 2-9　重新定义保温杯案例

第一，顾名思义，保温杯是为了热水保温，天气越冷需求越大。第二，保温杯可用于养生，泡枸杞、泡红枣等，是保健养生的标配。第三，保温杯的使用场景是会议室、差旅、户外等，也是中年人的标配。

其次，按照这个理解，进一步分析，是什么人，在什么场景下，有什么需求，然后分类细化做产品，会进一步得到结果（图 2-10）。

什么人：45 岁以上，注重养生保健，怕老怕病的中年人。

什么场景：会议室、办公室、差旅、户外、家庭养生等。

什么需求：亚健康防护、保健养生、饮用热水等。

最后，如果按照这个结果做产品，就会把产品做成老干部款，推向市场不是卖不动，就是没竞争优势，同质化是必然。

因为实际的市场不是这样的，这只是小部分人认为的市场。

什么人 > 什么场景 > 什么需求

45岁以上
注重养生保健
怕老怕死

会议办公
差旅、户外
家庭养生

亚健康防护
保健养生
饮用热水

图 2-10　用户、场景与需求分析

大多数人心目中的健康养生"三件套"：保温杯、枸杞、足浴盆，都应该是男性的标配。但进一步分析网购平台用户健康产品的购买、关注、浏览等的数据之后，我们可以发现女性才是养生"三件套"的核心用户人群（图 2-11）。

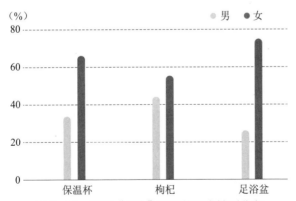

图 2-11　网红"养生"产品的用户性别分布

数据来源：抖音平台 2023 年度官方数据

既然女性是健康养生核心人群，有的人可能又会想了，那肯定是大龄女性占大多数吧？又错了，通过分析数据，可以发现 23~35 岁的女性，才是养生"三件套"的核心用户人群（图 2-12）。

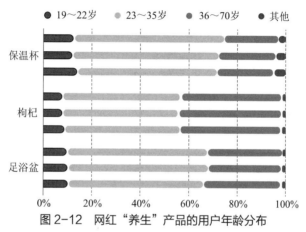

图 2-12　网红"养生"产品的用户年龄分布

数据来源：抖音平台 2023 年度官方数据

当然，到这一步，离制定出一个完备的超级单品市场策略还远远不够，还需要进一步研究数据。为了进一步了解保温杯市场的数据，可以应用蝉妈妈的第三方数据。

1. 分析用户画像

通过分析图 2-13 的用户画像数据，我们很容易就会发现，当下保温杯的用户画像是：性别分布上，女性用户居多；年龄分布上，24~40 岁的中青年用户居多；地域分布上，南方省份需求更大。这个就和通常的经验认知有很大的差异。

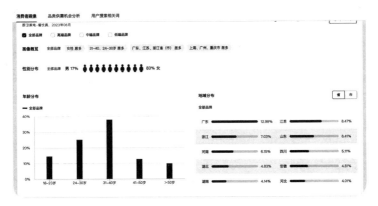

图 2-13　蝉妈妈消费者画像结果截图

2．分析价格定位

通过分析图 2-14 的价格带分布数据，我们能看出：10~50 元、50~100 元、100~300 元的保温杯市场规模大，而 500~1000 元、1000~5000 元的保温杯市场增长更快。10~50 元的保温杯市场有量无增长，而 1000~5000 元的保温杯市场则有增长无量，都不是孕育超级单品的好赛道。而 50~100 元、100~300 元的保温杯市场有规模有增长，更容易做出超级单品。

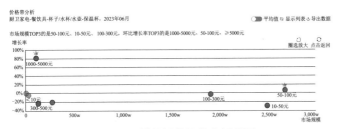

图 2-14　蝉妈妈价格带分析截图

3.分析竞争环境

通过分析图 2-15 的竞争环境数据，可以看到：50~100 元、100~300 元的保温杯市场虽然规模有增长，但竞争压力很大，每个价位段都有 200 多个品牌竞争，对于这种大存量赛道，需要制定有力的竞争策略，才能脱颖而出。

价格带列表

卧卫家电·餐饮具·杯子/水杯/水壶·保温杯，2023年06月

价格带	品牌数	商品数	销量	销量占比	销售额	销售额占比	销售额环比	销售额同比
50~100元	233 >	2,928 >	25w~50w	23.02%	2500w~5000w	34.95%	+6.42%	+69.11%
10~50元	291 >	3,970 >	75w~100w	63.19%	2500w~5000w	32.65%	-28.78%	+363.20%
100~300元	211 >	2,686 >	10w~25w	9.46%	1000w~2500w	25.07%	-2.33%	+87.20%
500~1000元	50 >	311 >	2500~5000	0.25%	250w~500w	3.64%	-20.96%	+996.31%
300~500元	49 >	342 >	2500~5000	0.24%	100w~250w	1.74%	-24.03%	+131.89%
1000~5000元	17 >	142 >	1000~2500	0.07%	100w~250w	1.44%	+81.87%	+5088.78%
<10元	65 >	702 >	5w~7.5w	3.77%	25w~50w	0.41%	-4.16%	-54.43%
≥5000元	2 >	5 >	1~25	0.00%	7.5w~10w	0.10%	–	+652.53%

图 2-15 蝉妈妈竞争环境数据分析截图

另外，1000~5000 元的价格带，环比和同比都在增长，我们需要进一步分析，这个趋势是必然还是偶然，也有可能是新趋势、新机会。

4.分析商品功能

通过分析图 2-16 的商品属性功能，我们可以进一步看到，中式、美式、运动休闲的产品风格市场规模较大，而增长率基本相当，户外运动款式呈现快速增长的趋势。这些都是能够很好地孕育超级单品的优势赛道，且已有品牌开始占位。

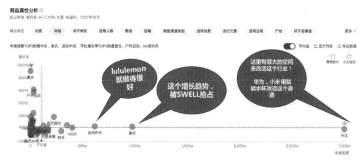

图 2-16　蝉妈妈商品属性分析截图

通过以上的数据分析，我们很快就能定位到要开拓的市场区域。

针对这些市场数据，就可以重新定位保温杯这个产品，不同的品牌选择不同的细分赛道。

时尚品牌 SWELL，号称"保温杯界里的爱马仕"，它就发现使用保温杯的女性，很多都会嫌保温杯丑。这类人群使用保温杯的最大痛点就是觉得杯子太丑，喝完水总想把它藏起来，而不是拿着优雅地喝水，或骄傲地拿给别人看！爱美是女人的天性，小小的一个保温杯也要美美的，所以 SWELL 把保温杯做得足够好看。

顺势而为：变才是时代趋势，顺势而为才是真豪杰

顺势而为，方显英雄本色

战略定位，需要企业先懂趋势，再选择行业，找出赛道。

顺势而为，是时代洪流中企业发展的核心战略，企业成功的核心要素。时势造就英雄，时代造就企业，只有时代的企业，没

有企业的时代。

顺势而为，就是把握战略点，把握时机，找准企业发展的大势。这比战术更重要，也比勤奋和聪明更重要。

要顺势而为，首先需要知势。"顺势而为"，核心是做选择。而做选择，就得明白选择的关键。

时代不同，势也不同，每个企业应该有自己心中的势。相同的时代，不同的企业，一样的起步也会有不一样的结果。其核心原因就是企业家对形势的判断和理解不一样，进而做出不一样的行动计划。

不仅做企业，做任何事情都要懂得掌握和判断时代趋势，顺势而为，知行合一。

小米创始人雷军曾说过：如果没有找到那个时代的大趋势，尽管我们付出了100%的努力，每年可能也只有20%的增长；反之，如果把准了时代的脉搏，付出20%的努力，可能会获得100%的回报。

顺势而为，比付出更重要，然而每个人对势的理解和认知不一样，如何准确认知判断并选择势，是重要的一环。而选择的本质，不是得到，而是失去有价值的东西。

趋势不是一天形成的，而是一点一滴逐渐累积形成，形成之时如同潮水般，沛然莫之能御，成功者就是能及早发现趋势的人，而能运用趋势的人，已然打开了通向成功的大门。能够抓住时代的脉动、掌握趋势的发展，再加上因势利导，你所做的一切就能顺理成章，水到渠成，当然也会因此而事半功倍。

其实未来的趋势并非遥不可及，它和我们的生活息息相关，而我们正置身在其中。了解趋势就像是"开窍",而开窍有时就像是灵光乍现,有时又像是输对了保险箱的密码,一触即发。每个人都想把自己的目标设立在正确的方向,那就必须知道趋势在哪里。

如何理解当前的趋势呢?从商业角度出发,应该关注如下几个方面。

变,才是行业发展的硬道理

新趋势、新用户、新技术、新市场结构之下,各行各业都在发生巨变。行业变迁,赛道分化,各行业呈现 K 形分化,好的未来会变得更好,不好的会变得更不好(图 2-17)。

图 2-17 行业出现 K 形分化

如新材料、新能源、专精特新、半导体 / 芯片、数字经济、产业互联网、硬科技、信创、大健康、数字医疗等行业,会持续发展创造更多新赛道、新机会、新企业和新品牌,而如消费互联网、K12 学科教育、互联网金融、文化娱乐、房地产、信托理财等这些行业会经营更加困难。

身处不好的行业，不能存在侥幸心理，应该尽快找到行业中的新趋势、新赛道、新方法，发现企业的第二增长曲线。超级单品策略也是致力于帮助企业找到新的赛道，在红海中找到蓝海的发展战略，持续创新，持续创造用户价值，于变化中找到不变，在不确定性中找到确定性。

时光流转，行业总是处于变迁中。行业的变化是常态，不变的是我们努力追求卓越和更大商业价值的心。

旧的行业，需要更新迭代。新兴行业正以星星之火之势悄然崛起，改变你我的生活，可能我们还没反应过来，就被时代抛弃了。

变化之后，认清谁是行业赛道变迁的王者才是关键。所谓"赛道"，一般指一个行业或一个概念。旧的行业需要"活下来，活得好"，新的行业需要持续创新，创造产品价值，满足用户需求和痛点。

那如何评判一个行业，在行业变迁的洪流中找到机会呢？从行业兴衰看结构变化，从龙头崛起看产业调整。我们可以从以下四个方面考虑：

（1）行业规模：行业规模越大，进入的机会越大。

（2）市场增速：持续稳定发展的市场才可以持续投入，最好该行业可以保持30%以上的增长速度。

（3）行业利润：利润永远是企业追求的核心目标，一个好的行业必须有足够的利润空间，让企业去提升产品品质，持续创新，不断提升用户体验。一个行业必须存在5%~30%的利润空间。

（4）竞争格局：即使一个行业规模很大，市场增速很高，行业利润也可以，但如果头部品牌垄断了整个行业，占有率超过了60%，那这个行业也不要进去，比如手机行业、家电行业。

数字科技大行其道，未来已来

未来已来，数字技术连接传统与未来，正在为各个行业赋能。数字技术的本质是以产业既有知识储备和数据为基础，以不断发展的前沿科技为动力，着力于产业与科技的无界融合，推动产业互联网化、数字化和智能化，最终实现降低产业成本、提高用户体验、增加产业收入和升级产业模式的目标，也为用户的数字化链接提供可能和保障。

超级单品战略的核心是用户，在用户的场景中为用户提供服务、体验和价值。而数字技术的发展，使得品牌可以更好地服务用户。用户的数字化触达、数字化链接以及用户资产的数字化沉淀，都变得容易实现和高效。

数字技术的发展，对于超级单品经营的补益，可以从两个方面考虑。

一方面，5G、人工智能、智能硬件产品和设备、平台、算力、算法协同化与立体化大发展，形成了超级互联网时代。5G 时代，超级互联网的发展以用户生活方式为核心，形成了以 5G 手机、可穿戴设备、人工智能用户助手为核心的个人数字化生活场景，以 OTT（通过互联网向用户提供各种应用服务）、智能家居设备、人工智能中枢为核心的家庭应用场景，以城市商业空间、城市服务共建和出行中的 AIot 设备（以智能汽车为核心）的城市生活场景。这三大场景，形成了用户的数字化生活场景，给超级单品用户分析、数字触达、用户沟通提供了便捷。场景就是用户的生活（图 2-18）。

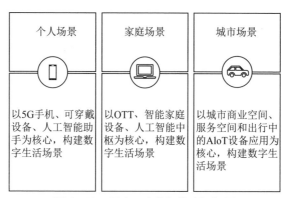

图 2-18　用户三大数智化生活场景

另一方面，消费互联网向工业互联网转变，智能制造大力发展，企业运营效率进一步提升，经营制造成本进一步降低，用户个性化定制和服务水准进一步提升。移动互联网大发展的 10 年间，衣食住行玩乐等基础消费实现了数字化大发展，我们的生活习惯、消费习惯被彻底改变，如图 2-19 所示。

活好自己，才是未来消费主旋律

随着经济的发展，人们的生活水平逐步提升，消费者从以往追求物质满足进入现在的物质精神双驱发展阶段，不仅追求活得好，还要过得精彩。

年轻一代逐步成为消费主力，超级单品也要以年轻用户为核心主体。

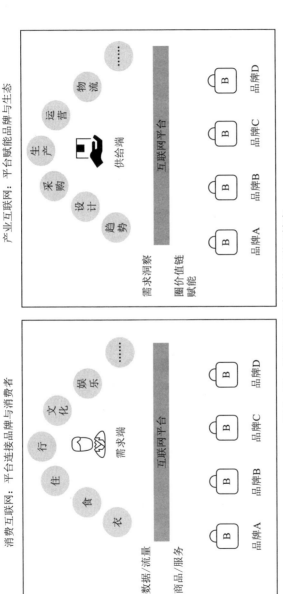

图 2-19 消费互联网向产业互联网转变

依据新经济产业第三方数据挖掘和分析机构艾媒咨询发布的《2022年中国兴趣消费趋势洞察白皮书》，中国"90后"及"00后"人口数量接近3.2亿人，已成为国内消费生力军。

年轻一代追求"自我满足""乐于尝鲜"的多元化、个性化消费需求，推动着消费市场的结构化升级。他们偏爱线上消费，在移动互联网空间中占据着极大的网络话语权与流量高地。

年轻一代消费者，文化更加自信，有着独立的审美。而独立的审美风格是本土品牌崛起的信号之一。历史上，日本在20世纪70年代后期开始在审美上从模仿欧美逐渐走出自己独立的风格。中国当前国潮风格流行，也是民族品牌崛起的信号。

年轻一代更是迫切期待新科技给自己的生活带来全新体验，期待人工智能、机器人、医疗科技等相关技术的成熟和应用。对于新科技，消费者最在意的仍然是"这些技术能够如何改善我的生活"。除了推动技术开发，品牌也需要提供更实用和丰富的应用方案，向消费者展示科技应用能带来哪些实实在在的好处，例如生产力的提高、更高质量的内容、更高性价比的沉浸体验等。新华网2022年6月发布的《国潮品牌年轻消费洞察报告》显示，在追捧国潮的年轻消费者中，"90后""00后"是主力，贡献了74%的份额。

综上，年轻一代的消费呈现出现实、自信、阳光、兴趣、特色、个性多维度的特点，超级单品模式不仅要等风来，还要乘风去：

- 未来用户增长：用户资产数字化、用户数字化增长、用户场景化运营，是未来用户运营和增长的核心工作。

- 用户消费习惯和需求发生变化：未来用户的增长，不需要新的产品，而是需要新的故事，更好的、深刻的消费体验。

- 消费者购物不再是提前计划的，而是受场景和内容启发的，是全域交织产生的。边刷边买、边刷边搜、搜完即买都是自然存在的，实现用户高频次、多场景、高复购的消费，是用户运营的终极目标。

因此，实现用户价值最大化，全域数字化用户运营也是用户高阶增长的核心工作。

从以上几个方面，我们可以看出，存量市场竞争博弈，需要企业家顺势而为，拥抱变化，知行合一。

认清社会发展的大前提和宏观环境之后，下一步需要看懂行业的发展。

选择行业：好行业才能孕育超级单品

行业有好有坏，选择进入什么样的行业，对一个产品、一个品牌、一家企业来讲，都是非常重要的。选择行业要慎重，一旦选定就不要轻易更换。

行业不同，结果自然不同，好的行业，更容易开花结果。

好行业，更容易孕育出超级单品

要做出能成为行业第一的超级单品，必须从以下 6 个方面去思考这个行业：行业规模、政策因素、人才规模、技术创新、竞争环境、资本动向（图 2-20）。

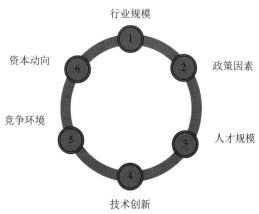

图 2-20　找准行业的 6 个思考维度

1．行业规模

行业规模是指市场规模、客户规模。河塘里养不出鲸鱼，只有大海里才能诞生鲸鱼。市场规模小于 100 亿元的行业很难出现大公司，不值得进入。

雷军选择进入手机行业，华为拼了命地做大手机，苹果之所以能有 10 万亿美元市值，都是基于全球手机市场的 3 万亿美元规模。

再如，调味品行业，中国每年的市场规模大于 3000 亿元，才有行业第一名的海天味业的市值突破 5000 亿元。

2．政策因素

主要看行业政策是观察、扶植，还是收缩。比如房地产行业、电子烟行业、智能汽车等都是受政策影响很大的行业。

电子烟线上禁售导致一批企业停止经营。智能汽车行业，有国家补贴才有了行业的大力发展，并逐步走向全球。

3. 人才规模

很多问题最终都归结为人才的问题。人才规模，是行业发展的核心、基础和保障，也决定了企业发展区域的开拓。做电商业务，最好选择北京、杭州；制造业一定选择珠三角；文化产业肯定要在北京上海，而软件开发肯定选成都、西安、大连。这些地方都有相应的大量人才，有利于企业的发展。

4. 技术创新

技术推动行业发展，促进产业升级。技术创新、技术替代、技术升级都会带来新的行业机会，或者改变行业的规则，技术创新最容易让行业改头换面。关注行业创新和可替代技术出现，是认清行业、改变行业的核武器。

5. 竞争环境

竞争环境主要分析行业是不是被垄断、头部品牌的占比、品牌的流动性等。对竞争环境进行分析，可以让企业做到知己知彼，百战不殆。

竞争环境是分析行业发展的重点，选择了行业就选择了竞争对手，也就选择了未来自己会变成什么样的企业。

6. 资本动向

资本往往是最聪明的，其核心就是流动。资本的流动会驱动行业发展，造就人才发展、技术发展和创新。观察资本动向最简单的方法，就是查看年度资本投资报告，资本流入大的行业肯定是有前景的行业。

可以使用表2-2，辅助洞察行业趋势。

表2-2 战略定位——认清行业

因素	项目	基数	变化趋势
行业规模	市场规模		增长 / 下滑
	客户规模		增长 / 下滑
政策因素		观察，支持，收缩	
人才规模			流入 / 流出
技术创新	国内		
	海外		
	跨行业		
竞争环境	头部品牌		
	品牌流向		
资本动向	资本规模		流入 / 流出
	资本性质		

每个人都有自己的计划，但世界可能另有规划。

打败一个公司的不一定是竞争对手，而是时代。所以，判断行业必须对一个时代有深刻的认知，后文会重点阐述如何理解时代的趋势和发展。

伟大的时代孕育了一批优秀的企业，企业经营者必须做到顺势而为。

选择行业，就像选伴侣一样重要

行业存在分类，即行业类别。国家统计局已经有明确的行业分类标准。随着经济发展和变化，行业类别在不断变化。有些类别兴起，比如预制菜、户外充电宝、移动充电桩、人工智能、区块链、数字人等，也有些行业类别已经消失或者正在消失，比如传统零售业、DVD 和 VCD 行业、民间手艺人等。

试想一下：2010 年手握 40 亿元现金的雷军为什么选择手机行业，而不是电视、家电、汽车？

京东商城创业伊始，刘强东选择以 3C 类目进入行业起锚点，迅速做大了规模，而淘宝选择以服装百货类目进入行业。迄今为止，3C 仍然是京东最优势品类，服装百货则是淘宝的最优势品类。

中国"企业教父"段永平缔造了小霸王、步步高、OPPO、vivo、拼多多、极兔网等优秀企业和品牌，但为什么步步高做家庭影院，家庭影院行业没落；做随身听，随身听行业没落；做 DVD，DVD 行业很快被替代；步步高"敢为天下后"的格言，其实就是魔咒，总逃不过行业的变迁和时代发展的步伐。

我们再来看 OPPO 做 MP3。2005 年，OPPO 以 MP3 起家，在《超级女声》大火的那年，OPPO 首款 MP3——OPPO X3 横空出世，时尚、前卫、新潮，成为当时大学生最想购入的 MP3 产品之一。好景不长，2006 年受手机行业冲击，OPPO 决定放弃 MP3，转行做电视，但很快被叫停。2006 年 9 月，OPPO 选择进入手机市场，才延续到现在，2020 年 OPPO 又启动电视业务，很快被叫停，OPPO 投资 500 亿元造"芯"失败。

被称为"行业冥灯"的罗永浩，2013 年高调进入手机市场，手机行业死亡一大片；2019年上半年正式进入电子烟行业，结果2019年10月30日电子烟很快被禁售；2020年3月正式宣布抖音成为其独家直播带货平台，2021年末，直播行业开始下滑。

行业选择直接决定着一家公司的命运，行业选择不慎，公司万劫不复。选行业就好比选择伴侣，要全方位、立体化去考虑。

要做更优秀的超级单品，就要考虑选择能够长出超级单品的行业。现在想去酱酒行业再打造一款飞天茅台就难如登天，这几年好多公司投入酱酒行业，但能看到好产品出来的寥寥无几。

找出赛道：重新定义赛道，红海中找出蓝海

行业有好有坏，赛道千差万别

赛道原意是指运动赛事里的轨道。运动项目中，身处赛道中的自然就是赛手。超级单品的目标就是要成为行业品类冠军，那这个超级单品就是企业的赛手。

我们这里说的赛道是行业里面的某个领域，如果行业是田径运动，赛道就是跑道，超级单品就是赛手。一个大行业可能有很多个赛道，一个小行业可能就只有一个赛道。

做超级单品，赛道代表了品牌在市场中选择的产品方向。在消费市场中，这与行业、细分市场、品类相关，这个方向上聚合了很多产品或服务提供商，如新能源赛道、新茶饮赛道、小酒馆赛道等。

以医药行业为例，里面的赛道天差地别。创新药赛道和仿制

药赛道、中药赛道根本不具备可比性，创新药赛道里又有创新药产业链各个环节的差别。所以，虽然同样是医药行业，但不同赛道，冷暖并不同。

再以烘焙行业为例，面包是一个品类，可以进一步细分为不同类型、不同口味、不同配料等，有可能作为一个细分市场出现。预包装面包产品属于食品加工业，现制面包则属于餐饮业，而现制面包可能属于多个赛道，如快消品赛道、烘焙赛道等。

做超级单品，应该这样排序：行业、赛道、细分市场、品类、产品、SKU 等。

比如，华为 HUAWEI Mate60 保时捷款非凡大师 16GB+1TB 玄黑色就是一个 SKU，也是一款超级单品，推动了华为手机品牌重塑行业地位。这款手机就属于：通信行业，高端商务机赛道，智能手机品类，HUAWEI Mate60 系列产品。

行业和赛道紧密相关，应该合并分析。

每个行业，都会有好的赛道，需要我们去寻找。行业有正在发展、欣欣向荣的，有处于泥沼不断下滑的，也有即将被淘汰掉的。但不管怎样，每个细分行业都会有不同的赛道，增量市场需要去抢占赛道，因为赛道可以选，只要能占住赛道就行。存量市场就需要去寻找赛道，做差异化竞争，在红海市场中找到蓝海赛道。

以房地产行业为例，大规模建设和拆迁的时代已经过去。房地产企业需要更加敏锐地察觉到这个变化，并作出相应的策略调整。对于企业来说，其中存在着许多机遇、创新、新赛道，如精装服务、供应链管理服务、代建服务、商业地产代管服务等，再如房地产的跨界，房地产业可以与教育、医疗、养老、旅游等行业深度融合，打造更具人文关怀和社会价值的产品和服务。

再以手机行业为例，全球手机市场整体增长放缓，由群雄逐鹿进入寡头垄断阶段。传音手机虽然国内没有销售，但完美解决了黑人自拍问题，在非洲市场大受欢迎，被称为现代版的"诺基亚"，依据 Canalys 智能手机分析统计数据（出货量），2024 年第一季度，传音手机出货量达 2860 万部，市场份额为 10%，实现了 86% 的强劲增长，位居全球第四。2023 全球手机业务下滑，但小米还是全球前三，是最大的黑马（表 2-3）。为什么说小米才是最大的黑马呢？因为前五大手机厂商中，唯独小米一家出货量同比和环比均有所上升，其他厂商均有不同程度下滑，这是小米13 的功劳。小米 13 选中在海外以 400~599 美元定价的核心赛道，成为全球前三中唯一入选的国产旗舰，其他都是苹果手机，要知道这是均价 4000 元的手机，由此小米稳住了高端市场的基本盘。

相同的行业，赛道不同，结果也不同。赛道选不好，再怎么努力也很难成功。以人生类比，赛道就好比一个人的人生方向，方向没选好，职业发展路径不清晰，即使再努力也很难实现大的成就。

而所有赛道，都值得用超级单品重新做一遍。

表 2-3　全球智能手机厂商市场份额（2023 年第三季度）

厂　商	2023 年第三季度市场份额	2022 年第三季度市场份额
三星	20%	22%
苹果	17%	18%

厂　商	2023 年第三季度市场份额	2022 年第三季度市场份额
小米	14%	14%
OPPO	9%	10%
传音	9%	6%
其他	32%	31%

初步统计：以最终发布数据为准。

注：由于四舍五入，百分比合计可能无法达到 100%。OPPO 包括 OnePlus。

来源：Canalys 智能手机分析统计数据（出货量），2023 年 10 月。

好赛道，都具有三大特点

什么样的赛道，才是好赛道？

好赛道一般具有以下三个特点：有钱可分，还没被垄断；增长稳定，有增长空间和周期；有龙头企业，但占有率还不算太高。

1．有钱可分，还没被垄断

要进入一个赛道，先得研究清楚这个赛道里是否有钱，即是否存在市场规模和利润结构，接下来需要确定这个利润结构产生的利润是不是可以进行二次分配，二次分配的时候，是不是已经被寡头或者机构垄断了。

判定方法和步骤如下：

（1）先找出行业生态的地图，找出上游、下游、中游；

（2）确定行业的利润结构、利润规模；

（3）找出这个行业资金流转的脉络，每一个分配节点的构成；

（4）研究清楚这个脉络上都是哪些企业，哪些人在分钱，分线的机制、方法是什么；

（5）确定自己能不能参与二次分配，是否合理合法。

曾经有个技术总监参与了一个智能养老的 SaaS 系统项目，前后投入 800 多万元，等产品出来之后发现卖不动，回头再研究这个赛道才发现，整个养老项目只有 1000 多万元，却有几十家企业参与分配。

2．增长稳定，有增长空间和周期

赛道有一定的规模，还在持续增长，有可以想象的增长空间。最好就是长期来看，新的竞争者进不来，新的产品无法取代现有的产品，不会有新的技术彻底颠覆这个赛道的主流产品。

3．有龙头企业，但占有率还不算太高

这个赛道最好已经有头部企业，超强企业才可以提供市场教育、技术研发、人才培养和建立标准等，切不可是几个竞争者在恶性竞争，像保险公司之间为了车险保单打价格战。

要注意的是，有的新型赛道可能会遵循资本助推、资本培训，最后资本收割的路径。整个互联网的发展就是这么建立起来的，现在互联网就处于收割期，互联网的服务也从免费到现在收费不菲。

以城市停车收费为例，这算不算一个好赛道呢？我们可以看到这个赛道很有钱，增长也很稳定，随着汽车产业的发展，增长空间和周期都有，但这个行业已经基本被垄断了，有钱但是分不到，不能算一个好赛道。

好的赛道，都会经历以下四个发展阶段：

起步期：赛道的最初期，还在探索模式阶段，各种中小玩家涌现。

成长期：部分模式验证，先行玩家开始 IPO（首次公开募股），迎来赛道的爆发期。

高峰期：整体赛道成熟，创始人和投资人享受爆发期，在此过程中会淘汰大量玩家。

衰退期：赛道的增速开始下降，逐渐形成行业寡头。

如汽车行业的智能汽车赛道，2023 年赛道由成长期向高峰期发展。整个行业格局重塑，从资格赛转向淘汰赛。智能汽车赛道向阳而生，替代燃油车加速，赛道品牌淘汰也在加速。不到一年的时间，整个行业淘汰掉一半的品牌，淘汰速度还在进一步加快，最后可能会跟手机行业一样，只剩下 3~5 家。

所以，研究清楚赛道所处的时期也很重要，可以帮助我们找准入市的时间节点。

赛道的起步期，最容易孕育出优秀的超级单品。

赛道选择可以关注以下五点：规模、价值、效率、赚钱、持续。

表 2-4 所示的品类赛道的选择工具，可以帮助我们选择一个优势赛道。

表 2-4　实用工具：品类赛道选择工具

条件	数据	是否满足
赛道规模	市场规模 50 亿 ~ 2000 亿元 （具体行业具体对待）	

条件	数据	是否满足
赛道增速	3 年复合增长率 30% 以上	
赛道利润	5% ~ 30%	
竞争格局	头部品牌占有率 <10%	

（工具使用说明：满足三个以上，可以开干；满足两个，考虑一下；只有一个，最好慎重。）

找出赛道，需要重新定义赛道

时代奔流向前，新趋势、新消费、新技术、新物种、新赛道层出不穷。新赛道的出现，都是重新定义赛道而来的。

当下每个赛道几乎都有成功的大公司，创业还有没有机会？思考之下不难发现，如果能重新定义赛道，其中的机会可能会更大。

小米和华为就是重新定义赛道的高手。

华为创始人任正非说过无人区赛道，他说无人区就是"三无"产品：

第一，无人领航，你是老大，就像当年爱立信非常自豪地跟华为说，我们就是华为的灯塔，这就叫无人领航。

第二，无既定规则，既然你是先行者，当然没有规则，无人区肯定没有规则。

第三，无人跟上，不是说永远没人跟上，一定有人会跟上，除非这个东西不在好市场，不是好领域，但是速度会慢，当你进入了今天华为的无人区，华为又进入了另外一个无人区，你刚想进另外一个无人区的时候，华为又跳入了更新的无人区，这就是永远无人跟上。

超级单品，需要重做每一个行业，成为行业冠军，就要重新定义每个赛道。

有些赛道已经消亡，但更多的赛道只是被人重新定义，换了种形式存在。

赛道决定生死，选择大于努力。每个赛道的基因不一样，成长空间也不一样。有的是高频赛道，有的是低频赛道；有的是下沉市场，有的集中在一二线城市；有的赛道躺着赚钱，有的赛道只能赚辛苦钱。选择赛道，意味着重新定义每一个赛道。

如何重新定义一个赛道呢？可以从以下 8 个方面考虑。

1. 技术创新

技术创新，是永远处于第一位的方法。通过技术创造新赛道，如生成式人工智能、区块链、大模型等；通过技术改造旧行业，现在传统企业数字化转型，就是通过技术改变原有赛道的最佳时机。

2. 超级极致

超级单品，就要超级极致。核心功能要极致，体验要极致，服务要极致，价格要极致，渠道要极致。

3. 场景思维

消费进入数字化时代，以研究用户生活方式来替代研究产品。如何来研究用户的生活方式呢？就需要将用户放到场景中去思考。先定义场景，找到场景中的用户和用户标签。再分析用户的需求和痛点，去满足和极致地满足用户，利用一个个数字化触点去触达用户，形成闭环。这就是场景思维。

场景思维的要点就是先定义场景，找到用户需求，然后利用超级单品去满足用户。这个超级单品有可能是实物产品，有可能是服务产品，也有可能是虚拟产品。

4．减法原则

减法原则就是，一个产品不可能满足所有人的需求，也不需要满足所有人的需求，所以需要做减法，满足80%人的80%的需求就可以。

做超级单品，更要做减法，不是每个产品都要做成旗舰产品，满足消费者需求的就是好产品，用户认为好的才是好产品。

5．升级赛道

消费升级，就是体验升级、赛道升级。中国制造正处于由制造到质造发展的过程，市场中有太多的低质产品需要升级。

回望过去20年，国民消费步入爆发式增长，很多行业都经历了从无到有的发展过程。很多企业和品牌在这个过程中抢占了发展的红利，占据了赛道，并不是因为有价廉物美的商品和极致的服务体验。一旦行业出现像小米一样的后来者，可以提供更优的价格、更好的服务和更贴合用户需求的产品，就会对一个行业造成降维式打击。

如电动自行车行业有雅迪、爱玛一样的大品牌，后来的九号和小牛用超级单品模式升级这个赛道时，传统品牌昔日的经验和方法统统失灵，被新进品牌降维式打击，根本没有还手之力。很多中小品牌竞争出局只是时间早晚问题。

同时，在美妆、汽车、消费电子、零食饮料等与大众生活息息相关的行业市场，却几乎无一不是海外巨头的天下，都需要更多国货类品牌去做赛道升级。

6. 换个赛道

身处绝地换个赛道，企业才能在基业长青的道路上越走越远。比如，当胶片业务断崖式下滑时，富士胶片改变赛道，进入医疗、生命科学、光学元器件等业务领域，浴火重生；当教育培训业务陷入绝境时，跌入谷底的新东方改变赛道，依靠直播引爆出圈；当洽洽的主营业务葵花子增长见顶，陷入增长困境时，洽洽通过打造"每日坚果"第二增长赛道，实现了营销与利润双增长，业绩迎来大爆发。

7. 成本思维

成本思维就是看看能不能通过产品成本结构的改变来提升产品的竞争力。

比如，小米的极致性价比，就是通过成本思维，首先看看能不能把成本降到一半，去重新定义行业。小米充电宝、小米手环、小米空气净化器、小米电商都是这样做成功的。

8.资本杠杆

借助资本力量，找到增长模型，并迅速放大。收购品牌，打造品牌矩阵。

如完美日记收购小奥汀和护肤高端品牌 EVE LOM。护肤品品牌发展起来虽然慢，但是一旦获得消费者信任，就是长期的。完美日记借助资本的力量收购品牌后，创立了属于自己的品牌矩阵。

重新定义赛道后，企业还需要识别未来趋势赛道，找到战略破局点，集中优势兵力，将有限的资源集中在破局点上，力出一孔，重新洗牌赛道，改变赛道竞争格局。

找出赛道，就是从红海中找到蓝海

商业环境剧变，竞争惨烈，面对新人群、新场景、新媒体、新渠道、新生活方式，老品牌如何抓住时代的洪流，快速转型，以全新的姿态走进主流消费者视野，上演"王者归来"的故事呢？这就需要从红海中找到蓝海市场，绕开主力竞争，换个方式存在。

先来看个案例：

到敌人后方去，开辟新战场！

抗日战争初期，国民党在正面战场节节败退，毛泽东在分析抗日战争的形势和敌、我、友三方的具体情况时，深刻地洞察到：在敌强我弱的形势下，单纯依靠正面防御，是很难阻止日军进攻步伐的。

毛泽东以统帅者的战略眼光，站在全局的高度，为中国人民指明了抗日战争胜利的路线图：将战场选在敌人后方，建立抗日根据地，开辟敌后新战场。

这一全新的战略布局，创造出了敌后战场与正面战场两个战场同时并存的战略格局，为迅速扭转战争初期的不利局面发挥了重要作用，盘活了中国抗战的整盘大棋。

新战场的开辟，也让中国共产党在抗日战争烽火中迅速发展壮大。

企业也是一样，企业家只有以统帅者的战略眼光，看到产业全局，看清赛道本质，选择未来上升的赛道，找到企业竞争的主战场，占据战略制高点，让自己始终处于优势位置，获得竞争优势，才能让企业的发展顺风顺水。

那么，如何从红海市场中找到蓝海赛道呢？

从红海市场中找到蓝海赛道，需要数据分析和数据决策。方式和方法"数据决策"前文已经详细讲解过，这里只重点说明分析数据的维度，如图 2-21 所示。

找出赛道，就是建立赛道差异化竞争点

即便是已经找到红海市场中的蓝海赛道，我们还是会发现存在一堆竞争对手。中小品牌面对激烈的市场竞争，即使找到战略级赛道，还是难以实现逆势突围，打破"长不大""做不强"的魔咒。这又该如何破局呢？

每个赛道都有增长的天花板，当增长见顶，行业进入存量博

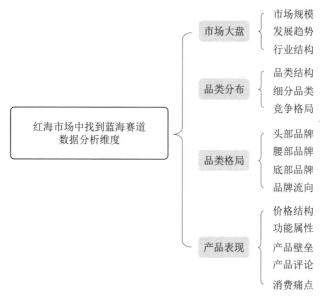

图 2-21 从红海市场中找到蓝海赛道如何做数据分析

弈阶段，虽然通过挖掘用户全生命周期价值能带来一定增长，但要从根本上破解增长焦虑，就必须建立竞争优势，护航企业成长。

要从赛道中跑出千里良驹、万里黑马，需要建立赛道差异化竞争点。

如乳制品常温奶市场增速疲软，整体销量渐趋饱和，促使赛道不断升级迭代，高端产品层出不穷，有机牛奶、A2 奶 [1]、鲜奶等成为乳制品赛道的升级方向。

---

[1] A2 是指动物乳汁中 beta 酪蛋白类型为 A2-β 酪蛋白的一类，主要用于常见的牛奶分类。——编者注

再如，早些年瓶装水赛道纯净水占据主流，头部品牌娃哈哈、乐百氏、雀巢三大品牌均是纯净水，农夫山泉通过升级赛道，发起"天然水 vs 纯净水"之战，天然水逐渐成为赛道主流，农夫山泉也成为瓶装水赛道第一品牌。

要建立差异化的竞争点，就需要分析竞争策略，下一节重点介绍。

竞争策略：三大竞争策略，引领商业巅峰

竞争，才是最美的商业"圣经"

优胜劣汰，物竞天择。没有竞争，就没有今天美好的生活。竞争是美好的、可爱的，竞争也是文明进步的机制。

羚羊跑得快，就是因为猎豹的追赶。

没有百事可乐的竞争，就没有可口可乐的今天。

没有可口可乐的引领，就没有元气森林的发展。

没有小米和华为竞争谁是线上第一，就没有荣耀的发展。

OPPO 和 vivo 同宗同源，却越竞争越健壮，无懈可击，自成一派。

麦当劳和肯德基，宝马和奔驰，更是如此。

无论处于哪个生命周期、占据着市场中的什么位置，企业都要面临竞争。既然竞争无法避免，就需要好好学习重要的竞争策略。

竞争策略，是公司核心战略的组成部分。竞争策略是企业在商战中的撒手锏。比如小米的"极致性价比"就是其核心竞争策

略。靠极致的性价比，小米攻城掠地，做出了一款款行业冠军的超级单品。

下面我们来看看，市场上一般都会运用什么样的竞争策略。

三大竞争策略，引领商业巅峰

哈佛大学商学院教授迈克尔·波特（Michael Porter）于1980年出版的《竞争战略》一书中，提出了波特"五力模型"。

被称为"全球管理大师"的人屈指可数，但迈克尔·波特教授当之无愧。"五力模型"与"三大竞争战略"是波特管理思想的精华，历久弥新。即使在互联网经济时代，波特的管理思想依然对大多数企业的战略选择有着深远影响。

波特"五力模型"为企业对所在产业进行深入分析提供了工具，有助于企业了解整个竞争环境，正确把握企业面临的五种竞争力量，制定出有利于企业竞争地位的战略。

波特"五力模型"确定了竞争的五种主要来源：供应商讨价还价的能力；消费者讨价还价的能力；潜在进入者的威胁；替代品的威胁；同一行业公司之间的竞争。如图2-22所示。

企业在与五种竞争力量的抗争中，面临着三类战略选择。这三种战略选择分别是成本领先战略、差异化战略与专业化战略。

每一个企业都必须明确自己的战略选择，在三种战略之间犹豫不决，反而会影响企业的经营业绩。

这三种战略选择，在工业化、规模化、大工业生产时代有着"神"一样的指导作用。但在今天的存量市场、智能时代、用户

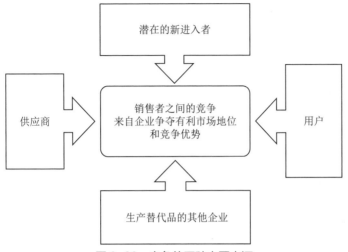

图2-22 竞争的五种主要来源

新经营时代，三大竞争战略需要进行新的阐释，那就是：成本领先战略，就是降低成本，反映在消费端即高性价比；差异化战略，就是重新定义赛道，找出差异化；专业化战略，就是专注和聚焦。概而言之，企业的三大核心竞争策略就是：高性价比、差异化、聚焦。

以下我们通过几个案例，来理解三大竞争策略的内在使用逻辑。

1. 高性价比

雷军在2022年《云顶对话》节目的表述，可以看出用技术革新将"性价比"发挥到极致是小米的制胜法宝。

主持人：

这是一个小米理念的问题，恐怕别人也说不了，就总是觉得我们中国的东西特别廉价，中国制造就应该价廉。但是现在小米要做的这个模式，既要质量高，又要价格低，怎么就成了一个不合理的、高价的粉碎机了，现在还能做得下去吗？

雷军：

这个问题是小米 12 年来一直在回答的问题。12 年前，小米为了改变整个中国产品的印象，就是把产品做好看，做好用，把质量做好，而且价格便宜，我们引入了一个词叫性价比。

其实，在小米之前，大家很少用性价比这个词，因为之前大家用的是物美价廉。但是，我觉得物美价廉可能说明不了小米，我们就用了性价比。

我觉得比较遗憾的是，在小米发展的 12 年里，很多对手不停诋毁我们，抹黑我们，顺便把性价比这个词也抹黑了，将性价比等同于便宜、低价、劣质。

我觉得这是一个巨大的误解，我觉得性价比是商业圣经，是每一个公司竞争的法宝。除了奢侈品公司我不了解，其他公司的竞争策略都是性价比。因为在中国，十几年前大家购买力有限，买东西只要能具备功能就行，越便宜越好，存在大量的山寨货。

2010 年我们创办小米的时候，有一个想法，就是发起工业界的效率革命，因为你要把一个东西做得又好又便宜，如果没有技术创新，没有效率革新，你是做不到的。

我今天遇到的最大的质疑，就是说，我们要冲击高端性价比行吗？我们是个性价比品牌。

所有的高端都有性价比，只是看你性价比做到什么程度。

举个例子，2 万元的电视算不算高端的？一般的电视可能只需要花 2000 元。小米做了一个 100 寸的大电视，价钱才 2 万元，是同行的 1/10，它既高端又具备极致性价比，强得不得了。我们用了三四年时间，就把 98 寸和 100 寸的电视普及好了。

由此，我们可以看出，极致性价比是小米的核心竞争策略，也是全球大多数公司采取的竞争策略。但有一点，就是"高（极致）性价比"和最低价的关系。

竞争对手 10 万 ~20 万元价位的电视，小米做到了 2 万元，这个价格足够低了，那是不是低价就是最大的竞争策略？电商的发展，每次大促销都是"全网最低价"，那"全网最低价"算竞争策略吗？

肯定不是，价格从来都不是竞争策略，低价是一个毒瘤。没有全网最低价，只有高（极致）性价比。

用户有分层，消费也有分层，产品需求也有分层。不同的用户对产品和价格的感知是不同的，拼多多降价也可能有人买不起，LV 打折可能人满为患。

产品卖不动，销量不好，很多时候都被归结为价格问题，就去降价。你会发现，价格下降后，产品更卖不动。

价格竞争只会是一时之欢，不能长久。竞争一定要良性，比如之前以价格战为主的国美、苏宁，在这个用户价值时代都相继倒闭了。

销量不好就会降价的企业，长不了。销量不好，降价会导致销量更不好。

茅台、苹果手机、华为手机、黄金，稍微一降价，网上销量就爆棚；而三星、小米、OPPO、vivo降价就不一定卖得好。这是为什么？因为茅台、苹果手机等已经构建了品牌价值护城河，产品本身就有价值感。

２．差异化

实现差异化战略有许多方式，如建立高端品牌形象，保持技术、性能、渠道布局、客户服务及其他方面的差异化。最理想的状态是，企业能在几个主要方面实现差异化，需要避免伪差异化、自以为是的差异化、想当然的差异化。

拼多多就是依靠差异化竞争快速崛起为电商第三极的。电商行业就是个"赢者通吃"的行业——老大吃肉，老二喝汤，老三老四连碗底都没得舔。但是拼多多依靠差异化的竞争策略，在社交兴起之下，迅速成为电商行业第三极，让阿里和京东如坐针毡。

2015—2018年，拼多多开始悄悄萌芽，刚起步时只是一个游戏项目，后来和拼好货结合，依靠供应商差异化、用户差异化、营销差异、商品差异化，避开淘宝、天猫、京东的强大竞争，得以发展壮大。

拼多多的整个交易结构，与 20 世纪七八十年代农村赶大集类似。拼多多把大乡村市场的买卖方撮合在一起，集中到线上，通过砍价的极简方式，以大众最在乎的价格为核心，迅速崛起。

从供应商差异化来看，阿里巴巴提出新零售战略时忽视了下沉市场，阿里内部将聚划算等活动边缘化，给拼多多创造了机会。

天猫和京东的消费升级，中尾部商户很难获得比较好的流量，商户盈利能力下降，这些中尾部商家迅速流入拼多多。

乡村和小城镇的小商家、小品牌也想享受互联网红利，但淘宝、天猫、京东等平台的入驻门槛太高，尤其是天猫，小商家、小品牌想开个店堪比登天，最后也流入了拼多多。

从用户差异化来看，一线城市消费者消费升级，享受着品牌增长的红利，但贫富差距拉大，消费分级应运而生。底线级市场零售落后，线上需求没有更好地挖掘，而 T3（三线城市）以下城市，乡镇农村市场的商品供应存在太多假货，即使不是假货，价格也要高很多。低收入的乡村市场，面对的却是高昂的商品价格，是过去和现在的常态。这也为拼多多的诞生和发展提供了条件，拼多多一出现，便利用线上的高维打击线下的低维，并增加了商品信息透明度，降低了商品价格。同时，低端商品的线上化，解决了乡村商品的滞销问题。

从营销差异来看，拼多多的营销也不如天猫、淘宝、京东那么五花八门，就是"分享 + 砍价"，特别简单。这也和拼多多的用户定位有关，太复杂大家不一定能看懂，不一定理解，也不一定会操作，要的就是简单、粗暴，砍一下就降价，而不是积分、换购、折扣、满减的促销逻辑。

从商品差异来看，拼多多采用的是"单品爆款 + 低价"逻辑，"单品运营思维 + 谷歌算法思维"，如图 2-23 所示。对单个 SKU 的销售评价运营更加精细化，单品爆款建立在用户的选择上。拼多多在商品选择上更偏向于低价策略，而这些低价并不是干预，而是用户点击购买浏览的结果。

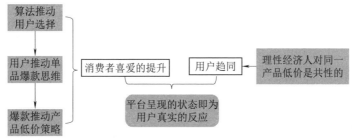

图 2-23　拼多多运营的底层逻辑分析

3. 聚焦

聚焦，就是择高而立，成为行业品类冠军。聚焦，更是竞争策略中的核武器。聚焦，就是避免长成灌木丛，而超级单品要做的就是参天大树。

每个企业都有自己的核心产品、拳头产品、王牌产品或尖刀产品，这种产品很多时候都是撒大网捞鱼，逐年沉淀、误打误撞出来了。比如，海尔的白色家电，卖得好的也就那么几款，因为占位优势一卖就好多年，一旦遇到像小米一样的竞争对手，几乎就会遭受降维打击。

这是一个消灭平庸的时代！集中优势兵力攻其一隅，才能取得胜利。

那如何聚焦呢？

打造超级单品，先需要聚焦四个"一"：聚焦一个场景，聚焦一类用户，聚焦一个品类，聚焦一款产品。然后，再聚焦这个产品的特性、尺寸、口味、高价、低价、服务、区域市场，甚至一个国家、一种模式等。高价也是一种聚焦，如劳力士、普拉达、蒂凡尼等都是典型案例。

特斯拉就是依靠聚焦领域＋超级单品快速成功的。埃隆·马斯克领导下的特斯拉公司，通过聚焦于电动汽车和可再生能源产品，成功地成为全球领先的清洁能源公司之一。特斯拉的产品线并不多，但每个产品都有明确的定位和目标，例如 Model S 和 Model X 豪华电动汽车，Model Y 的销量，曾经能抵半个中国电动车市场的销售。特斯拉通过持续的研发和创新，提供了更高性能、更智能化的电动汽车和可再生能源产品，赢得了消费者的认可和信任。

又如，西南航空公司作为美国最大的廉价航空公司，始终聚焦于短途、点对点的航线网络。这使得其能够更高效地进行运营和调度，同时降低成本保持较低的票价水平。这种聚焦战略使得西南航空公司在竞争激烈的航空市场中脱颖而出，并成为持续盈利的公司之一。

再如，美团外卖通过聚焦于外卖送餐领域，成为中国最大的在线外卖平台之一。美团外卖注重提高送餐速度、提升服务质量，并通过与餐厅合作，拓展新用户群体，实现了快速增长。

三步走，制定核心竞争策略

确定企业的竞争策略或者评估竞争力，有如下三个步骤：

1. 评估企业的竞争力

企业核心竞争力评估工具，可以帮助我们认识企业自身具有的核心竞争力。

方法很简单，企业的自有资源中，"与竞争对手相似的或比较容易模仿的"就属于必要资源，"比竞争对手好的或不容易模仿的"就属于企业独一无二的资源。

在企业的能力中，"与竞争对手相似的或比较容易模仿的"就是一般的基本能力；而"比竞争对手好的或不容易模仿的"能力就是企业的核心竞争力了。

图 2-24　企业核心竞争力制定工具

除了上述工具外，还有一些识别核心竞争力的方法，即比较法，见表 2-5。

表2-5 比较法

方法	说明
历史性对比法	通过将企业的资源和表现同过去的经历对比,来看企业是否发生变化。 这种对比的目的就是看一下企业的表现是否比过去有所提高。
行业标准对比法	将企业的资源和能力与同行业中的其他企业进行对比,来看企业与同行业内的企业的差距在哪里,差多少。
最优对比法	将企业与行业中最好的企业进行对比,从而发现与行业最好的企业之间的差距有多大。

2. 分析行业竞争结构

这个可以在迈克尔·波特"五力模型"的基础上制定行业竞争结构分析模型,从而使管理者从定性和定量两个方面分析行业竞争结构和竞争状况。

行业竞争结构分析是帮助企业解决这一问题的工具之一,行业竞争结构分析模型如表2-6所示。表格的左边是五种竞争力量及其各自所包含的若干内容的陈述,右边是对这些陈述的态度,企业决策人员可以根据自己的态度打分。坚决同意打1分,一般同意打2分,不同意也不反对打3分,一般反对打4分,坚决反对打5分。

表2-6 行业竞争结构分析模型

行业竞争结构分析模型					
各种竞争力量	坚决同意1分	一般同意2分	不同意也不反对3分	一般反对4分	坚决反对5分
潜在进入者					
进入这个行业的成本提高					

续表

行业竞争结构分析模型				
我们的产品有很大的差异性				
需要大量资本才能进入这个行业				
顾客更换供应者的成本高				
取得销售渠道十分困难				
很难得到政府批准经营与我们相同的产品				
进入这个行业对企业的威胁性不大				
分数 =(各项得到的分数之和 / 所回答的项数)*（第 7 项的得分）				
行业中的竞争者				
本行业中有许多竞争者				
本行业中所有竞争者几乎一样				
产品市场增长缓慢				
本行业的固定成本提高				
顾客转换供应者十分容易				
在现有生产力上再增加十分困难				
本行业没有两个企业是一样的				
本行业中的大部分企业要么成功，要么垮台				
本行业中大多数企业准备留在本行业				
其他行业干什么对本企业并无多大的影响				
分数 =（各项得到的分数之和 / 所回答的项数）*（第 4 项的得分）				
替代产品				
与我们产品用途近似的产品很多				
其他产品和我们产品相同的功能和较低的成本				
生产和我们产品功能相同产品的企业在其他市场上有很大的影响				
我们非常关心与我们产品功能相同其他种类的产品				
分数 =（各项得到的分数之和 / 所回答的项数）*（第 4 项的得分）				
购买者				
少量顾客购买本企业的大部分产品				
我们的产品占了顾客采购量的大部分				

续表

行业竞争结构分析模型					
本行业大部分企业提供标准化类似的产品					
顾客转换供应者十分容易					
顾客产品的利润率很低					
我们的一些大顾客可以买下本企业					
本企业产品对产品质量贡献很小					
我们的顾客了解我们的企业以及可以盈利多少					
诚实地说，顾客对本企业的供应者影响很小					
分数 = (各项得到的分数之和 / 所回答的项数) * (第 5~9 项的得分)					
供应者					
本企业需要的重要原材料有许多可供选择的供应者					
本企业需要的重要原材料有许多替代品					
在我们需要最多的原材料方面，我们公司是供应者的主要客户					
没有一个供应者对本公司是关键性的					
我们可以很容易地变换大多数的原材料供应者					
相对于我们的公司来说，没有一家供应者是很大的					
供应者是我们经营中的重要部分					

注: 出自迈克尔·波特《竞争战略》。

3. 选择竞争策略

从表 2-7 所示的竞争策略选择工具表中选出竞争策略，如果没有就寻找一个替代方案。

表 2-7　品牌"超级单品"竞争力规划表

三大竞争策略	参考维度	部分实施方法	选择一个或找出替代方案
竞争策略选择	高性价比	极致性价比	技术创新，减法原则，成本思维，换个赛道等	
	差异化（一项或者几项）	产品差异化	特性，尺寸，口味，高价，低价，服务	
		体验差异化	创造极致，产品极致，体验极致，渠道极致	
		服务差异化	服务才是未来所有竞争力的核心，核武器，撒手锏	
		价格差异化	高价高质，高质低价，低质低价	
		用户差异化	高线到底线区域用户，年龄结构转化	
		技术差异化	技术创新，技术替代，新技术出现，跨技术领域整合	
		渠道差异化	线上线下，公域私域，DTC模式，突破一个国家，换个赛道	
	聚焦	场景聚焦	从新定义场景，找出数字新场景	
		用户聚焦	聚焦一类用户，不能是全用户	
		品类聚焦	聚焦一个子品类，创造一个新品类	
		产品聚焦	选一个能做超级单品的产品，定义出来	

最后，所有的分析都需要聚焦在产品上面，将产品定义出来。

第 3 章

用户思维

用户思维，是经营用户的核心指导思想，就是学会和用户交朋友，将用户放到数字化场景当中，找到触达用户的数字化触点，以研究用户代替研究产品。

通过分析时代趋势，使用数据决策工具，企业可以做出战略"三定"：选择行业、找出赛道、制定竞争策略，运用一系列的方法和工具，找出新的商业点和新的商业机会。新的商机，往往让人激动不已。

时间就是金钱，效率就是生命，发现新的商机就立马行动，投入资金，成立团队，做出产品，推向市场，并迅速占领市场。大多数创业公司过去都是这样做的，但往往失败的概率是99%。

战略"三定"只是一个开始，当我们发现商机的时候，可能另外一群人也用同样的方法找到了这个新机遇。

磨刀不误砍柴工，这时候我们需要"静"下来，做进一步的研究和分析，这才是关键。

我们要问自己十个问题：

- 这个赛道中用户的使用场景是什么？
- 这个场景中用户遇到了什么问题？

- 这个问题反映了用户什么样的真实痛点?
- 这个痛点之前有没有人解决,问题出在哪里?
- 应该做一个什么样的产品,解决用户痛点?
- 用户为什么要买我的产品,而不是别人的?
- 我如何触达这些用户,有什么样的数字化触达方式?
- 触达这些用户的成本是多少,需要多少预算?
- 用户在这个场景有没有复购,频次如何?
- 如何让用户做到只想着复购我的产品?

可以用一句话清晰简洁回答这些问题:对这些问题描述越清晰,对市场的教育成本越低,对客户的触达越高效,投入的市场营销费用越少。

超级单品,以数字化为抓手,以用户为中心,以用户思维为主导,择高而立,打造成为行业品类冠军的超级产品。

用户思维,是经营用户的核心指导思想,就是学会和用户交朋友,将用户放到数字化场景当中,找到触达用户的数字化触点,以研究用户代替研究产品。

用户思维,是避免自以为是、坐在办公室里面自嗨式做产品,或者 KPI 式做产品、突发奇想做产品。以自我为中心做产品99% 都注定失败。

用户思维,是战略"三定"后,打造超级单品的第二步,是超级单品成功的关键。

在本章我们重点介绍用户思维,核心内容包括:

- 解码流量,理解流量,重新定义复购,按照资源和能力,找到获取流量的方式，测试流量的成本。

- 找到天使用户，把天使用户放入数字化场景中去研究，研究触达用户的路径、成本，深挖天使用户使用场景中真正的痛点、卡点、难点。
- 深挖场景中的用户痛点，透过现象看本质，找到痛点后面的本质。找出做产品的突破点、着力点、爆发点。
- 学会经营天使用户，经营用户就是和用户交朋友。

流量战略：把流量变成"留量"，提升转化

前面已经讲过了品牌战略和产品战略，而流量战略是实现一切战略的基础。没有流量，就没有销量，没有销量，一切就是空谈。

流量战略，就是找到天使用户的核心策略，就是制定出一张触达天使用户的战略地图。

首先，我们要认识什么是流量，流量的本质和底层逻辑是什么，如何获取流量，如何经营流量。

其次，我们需要自建品牌流量地图，给触达天使用户指明方向，找出通向天使用户的路径和需要付出的成本。

再次，要找到获取流量的方式。流量存在于两种场域，即空间域和时间域。空间域就是现有的各个流量平台，时间域就是流量的迁徙，也就是流量平台的变迁。

最后，提升流量的价值。当下，不管是时间还是空间，流量的红利都已基本结束，这时候需要提升流量价值，让流量通过复

购产生更高经济价值。

流量，就是信任和喜欢你的人

什么是流量？

流量就是人，人就是用户。流量，就是信任和喜欢我们的人。所有能被我们吸引的人，所有信任我们的人，都是我们的流量，是值得我们用一辈子去经营与维护的。

为什么要做流量经营？

经营流量，就是经营人，经营人就需要用户思维。经营流量的关键是吸引越来越多需要我们的人，让他们不仅信任我们，更要喜欢我们。

流量红利发展的过程中，所有的人都在抢流量，不管是摆地摊，在淘宝开店，还是做短视频和直播，都需要吸引流量。

很多流量意味着很多钱，有的人通过努力吸引了非常多的流量，并将它们实现了一次性转化，获得了丰厚收入。

也有人把流量叫作"韭菜"，所以要割。只想割流量韭菜的个人或者企业，大都是昙花一现，不可能长红，这种个人或企业起来得快，倒下得也快。

因为他们只是实现了一次的流量价值，没想着去挖掘流量的终身价值，与流量形成亲密的陪伴关系，实现流量终身价值最大化。而伟大的企业和品牌，都在经营流量，经营用户，实现用户终身价值最大化。

流量的本质又是什么呢？

流量，生死之地，存亡之道。流量的本质，就是看能否实现有效转化，带来销量的增长。有销量就有交易，交易就是变现，也就是变现的能力。

所以，流量的本质就是变现，没有变现能力的流量都是泡沫。

流量变现是当下移动互联网商业化的主基调，所有开发App的产品经理都需要具备商业化思维，深度理解与挖掘流量价值，找到最佳商业模式和变现逻辑，才能做好这门生意。

超大体量的流量如果不能实现有效转化，那就是自娱自乐，只是为了满足内心的成就感。

有了流量，还需要有承载流量变现的产品，这个产品就是超级单品。

那么，流量到底有没有红利呢？

如果把流量当作"韭菜"来"割"，是为了赚取一次性转化的收入，那流量就是没有红利的，被一次性割完之后流量肯定会跑。

要把流量当作用户，当作最喜欢和信任我们的人，去陪伴、经营和守护，让他们对我们的产品和品牌产生由衷信任感和依赖感，这就是流量最大的价值，这样的流量红利100年都不一定用得完，百年老店都是这么经营的。

之所以经常会有人讲流量红利消失，其实不是消失，而是流量停止了迁徙。

随着时间和空间的变化，流量总是在不停地迁徙。比如从线下到线上，再从线上到线下。从PC（个人计算机）时代到移动互联网时代再到物联网时代，从媒体时代到电商时代再到内容时代，从微博到微信再到抖音，流量一直在迁徙。在这个迁徙的过程中，彻底解决了效率的问题，比如沟通的效率、交易的效率、传播的效率。

互联网的发展就是一场效率革命。腾讯的 QQ 和微信提升了沟通效率，阿里的电商平台提升了生意的交易效率，字节跳动的抖音提升了信息传播的效率，所以这些公司才有巨大的流量，总是能够后来者居上，因为提升效率的幅度更大。

这也就是流量的底层逻辑。

自建流量地图，让经营不再迷路

要获取天使用户，先得知道天使用户在哪里，以及找到天使用户的路径是什么样的。这时候，就需要自建品牌的流量作战地图。

企业要站在品牌和商家的视角去自建流量地图，而不是站在平台的角度，毕竟平台的成功可遇不可求，再去打造一个抖音、淘宝、京东、拼多多当然也可以，但不是做超级单品的首要任务。做超级单品，需要借力造势，借助流量平台，获取自己的天使用户。

自建流量地图的目的无非两个：第一个就是判断和哪些流量平台合作，什么时候退出，如何避免风险；第二个就是合作之后如何有效经营，实现价值最大化。尤其是已有大流量的平台，作为品牌就应该更好地服务用户，但也不能一概而论，企业应该根据自身的实力、投入产出比、平台的风险等因素量力而行。

比如，苏宁易购曾经是传统电商的第四极，跟苏宁易购的合作好处很多，如进入线下，进入苏宁易购和天猫合作的苏宁官方旗舰店，给产品二次销售和展现机会，进行尾货处理等。但 2021 年由于很多商家未能及时发现平台的变化——苏宁的财务出现危机，很多商家的货款被拖欠，导致经营困难或倒闭。

自建品牌流量地图可以分三步走：认清流量平台，做好入局判断，制定经营方式。

1. 认清流量平台

流量以空间或者时间的形式存在于每个用户的生活中，或表现为线上，或表现为线下。超级单品的成功对流量的要求就是从线上到线下，从公域到私域。这部分我们重点研究线上和公域流量平台（图 3-1）。

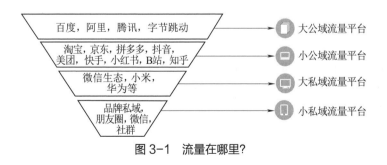

图 3-1　流量在哪里？

互联网发展线的商业生态有三种存在的平台模式，即产品平台、内容平台、关系平台。

产品平台，其实就是淘宝、拼多多、京东这样的平台，在这样的平台实现产品交易，同时完成与用户的连接。

内容平台，包含抖音、快手、小红书、B站等，它们是通过内容来完成信息传递的，常见的如图文、短视频、直播等。

不管是通过产品交易方式来完成连接，还是通过内容方式完成信息的传递，最终都是和人在发生关系。关系平台也就是私域平台，例如微信，它是将所有的用户都通过微信生态进行维护。

2. 做好入局判断

流量平台各有特色。入驻什么样的平台或在什么样的平台主推产品，需要根据平台特点、品牌定位、用户属性综合考虑。

（1）平台角度：需要去理解平台定位，从用户视角来理解平台的定位是什么，平台的特点是什么，平台的盈利方式是什么。如京东的特点就是快、低价，盈利模式是产品销售的差价。淘宝的定位就是逛，特点就是商品多，盈利模式就是广告收入。

（2）用户角度：包括平台整体的用户规模及分布，用户的日活情况等。用户的画像，包括年龄、性别、区域、工作、收入水平、购买频次等。每个流量平台的用户都不一样，需要区别对待。要关注用户行为路径，用户如何被触达，如首页推荐、付费广告、活动推荐、猜你喜欢等。同时我们要看平台的流量如何转化，是货架转化还是直播转化，购买策略是价格、品质还是其他。

（3）商家视角：我们要弄清以下几个问题，平台对商家的价值究竟是什么？为什么非要做这个平台，不可替代的原因是什么？资金是否安全，结算周期是否可以满足公司资金的储备。

3. 制定经营方式

（1）商业化的路径包括以下几步：

- 准备入驻：明确入驻的条件是什么，品牌标识是什么，纳税方式是怎样的。比如天猫平台很多中小品牌是被限制的。

- 费用率：入驻保证金、销售佣金等，如天猫是 2%~5%，京东是 10%~20%，甚至更高。

- 结算周期：通常为 7 天、15 天、30 天或 60 天，弄清现金结算还是承兑结算，这些合作内容对企业经营都是有影响的，所以一定要做评估。

- 资金安全性评估：判断东西卖出去了，钱能不能拿回来。

（2）平台运营的要点：先列出销售额的公式，就可以看清运营的要点工作了。如淘宝平台：销售额 = 展现 × 点击 × 转化 × 客单价。评估如何和平台负责人建立良好的合作关系，也至关重要。

（3）流量获取的方式：流量获取方式重点考察的内容包括免费的有哪些，付费的有哪些，效果如何。

自建流量地图，是一个综合全面的工作，需要不定期复盘更新，可以通过表 3-1 所示工具持续进行。

表 3-1　品牌自建流量地图核心项目

自建流量地图核心项目			产品平台			内容平台				关系平台
			淘宝	京东	拼多多	抖音	快手	小红书	B站	微信生态
平台	平台定位	平台定位								
		平台目标								
		用户理解								
	平台特点	特点1								
		特点2								
		特点3								
	盈利模式	广告收益								
		销售收益								
用户	用户规模	注册用户								
		日活用户								
	用户画像	用户年龄								
		用户区域								
		用户特点								
	用户路径	触达路径								
		转化路径								
		购买决策								
商家	商业化路径	准入条件								
		费用率								
		结算周期								
		资金安全性								
	运营要点	销售额公式								
		客情关系维护								
	流量获取方式	免费								
		付费								

流量策略，推动销量持续增长

前文讲了什么是流量，流量的本质是什么，流量分布在哪里，流量是如何运行的，并讲了如何构建属于品牌自己的流量地图。接下来我们就需要按照流量地图上的情报和信息，制定打造超级单品的流量策略。

好的流量策略，需要让流量可持续地推动销量增长，推动超级单品可持续地销售。只有销量可持续增长，才能让品牌持续增长。

那么超级单品的可持续流量策略该如何构建呢？

超级单品的流量策略就是：以品牌流量为根基、内容流量为引擎、私域流量为架构，借势平台流量，全域引爆超级单品的可持续增长（图 3-2）。

图 3-2　获取流量的主要来源

转化公式很简单：

超级单品可持续流量 = 品牌流量 + 平台流量 + 内容流量 + 私域流量

超级单品可持续增长的流量策略所包含的四方面的流量分别阐释如下。

1. 品牌流量

品牌流量也叫作用户心智流量，即用户想要买某个产品或服务的时候首先能想到的品牌，这是品牌长期经营的结果。可以体现为用户主动搜索品牌名、产品名称、产品型号等关键词的行为。品牌知名度越高，行业地位越高，产品服务体验越好，用户主动搜索的占比越高。所有的流量构建都要围绕着品牌。对大多数用户而言，所有的差异化最终都是品牌的差异化。

2. 平台流量

平台流量是品牌入驻流量平台（如京东、淘宝、抖音）之后，由平台给予或者通过运营获取的流量，这部分流量的效果也非常好，比如活动大促商品坑位、活动推荐等。但最终竞争的还是产品力。

3. 内容流量

内容流量是通过投放内容到流量平台获取的流量，这也是目前最高效和性价比最高的流量获取方式。内容为王的时代，内容成为获取流量不可或缺的制胜法宝。优质的内容可以带来巨大流量、留下用户，成为营销转化的关键。

在互联网内容的算法下，只要内容足够优秀就能够获取流量，品牌只需要创造好的内容，平台会自动匹配流量，这个方法是公平的。"内容即流量"成为大众新共识。

如抖音算法就是如此。抖音的流量分配机制是"信息找人，人找信息"。在这个过程中，系统会考虑两个因素：用户兴趣和内容质量。用户的兴趣和偏好将决定他们看到的内容类型，而内容质量将决定用户是否愿意停留在该内容页面。

为了实现这一目标，抖音会通过对用户的点击、观看、点赞、评论等行为进行分析，来了解用户对不同类型内容的偏好。同时，抖音还会对内容的质量进行评估，包括但不限于内容的原创性、吸引力、受众群体等因素。在了解了用户兴趣和内容质量后，抖音会将二者结合，将关联性最强的内容推荐给相应的用户。

在存量客户的经营中，内容凭借高黏性的特质，成为促进用户活跃最有效的抓手，所以内容即留量。

基于内容沉淀的用户画像远比基于产品交易的用户画像更加丰富、更具前瞻性，也更贴近真实用户画像，其数据挖掘的价值将深入影响客户服务和营销体系，故内容即营销。

4．私域流量

私域流量的概念2019年后才有，其实就是数字技术的发展，给品牌经营属于自己的用户提供了平台，比如微信小程序等。私域流量运营侧重于老用户的长期维护，增进与用户的关系和交情，以提升留存和复购。与私域流量相对应的是公域流量。狭义的公域流量指的是百度、淘宝、京东、拼多多、抖音、小红书等平台的流量。广义的公域流量指的是广播、报纸、电视、门户网站、微博、微信、头条等平台的流量。

私域流量更可控。私域流量是品牌方自己的流量池，往往比公域流量更加可控。

私域流量性价比较高，把用户从公域流量导入私域流量池，可以免费与用户实现链接，使其持续复购变现，性价比较高。

私域流量能更好地服务用户，品牌将用户导入自己的私域流量池后，能够和用户建立强链接关系，通过持续输出内容和社交互动了解用户需求，更好地服务于用户，陪伴用户。

能留在品牌私域的用户，也是喜欢和忠诚于品牌的用户，是企业的竞争力和宝贵财富。企业可以通过表3-2的"品牌流量健康度自检表"工具来看看自己的流量是否健康，原则上至少各种流量都要高于行业平均水平。

表3-2　品牌流量健康度自检表

流量获取方式	行业平均	流量占比	大于或等于	小于
品牌流量				
平台流量				
内容流量				
私域流量				

陪伴，才是提升流量价值最好的方法

流量是有商业价值的，提升流量的价值，就成了存量市场下的核心竞争力。

流量的巨大商业价值在于，所有被你吸引的人，所有信任你的人，都是你的流量，是值得你用一辈子去经营与维护的。

既然流量是喜欢、信任我们的人，就需要悉心去呵护，而不是去"割韭菜"。挖掘流量的终身价值，与其形成亲密的陪伴关系，这就是长远提升流量价值最好的方法。

如何做好用户的陪伴呢？

让好的产品天天伴随着用户，就是最好的陪伴。

好的服务使用户无后顾之忧，就是最好的陪伴。

好的内容，更是陪伴客户最好的方式。如直播，就是对用户最好的一种陪伴形式，尤其是在 B2B（企业对企业）类型的客户当中。

品牌的增长，更是对客户最好的陪伴，要让客户因为使用和曾经使用过我们的产品而自豪，有优越感。

最后再讲讲免费流量和付费流量价值的区别。按照流量获取方式的不同，我们可以将流量分为免费流量和付费流量。免费流量是用户通过对品牌自主搜索而形成购买的流量。这部分流量转化效率最高，用户价值最大，是需要重点经营的流量。付费流量是通过品牌付费推广获取用户购买的流量，转化效率不一定很高。

天使用户：品牌梦想的赞助商

流量战略的核心目的就是找到超级单品的天使用户。100 个天使用户，就能引爆一款超级单品。只有找对"天使用户"，超级单品才能在初期迅速起飞。

天使用户，就是品牌梦想的赞助商

什么才是天使用户呢？先来看一些案例。

小米无疑是移动互联网时代最成功的企业之一，也是最快实现 3000 亿元销售规模的中国民营企业。小米成功背后的原点，就是最早的 100 个天使用户。

2010 年，小米邀请 100 位发烧友共同体验 MIUI。雷军亲自在 MIUI 社群中跟发烧友互动。当时雷军对团队的指标是：不花钱将MIUI做到100万用户。在黎万强的带队之下，团队真的实现了100万用户的裂变。就是通过这批用户，第一版小米手机在没花一分钱的情况下实现迅速在年轻人之间传播。

小米把这批用户叫作小米的天使用户，为了感谢天使用户，小米还专门拍了一部片子，叫《100个梦想的赞助商》。梦想赞助商，就是小米梦的天使投资人。小米还设立了家宴，请天使用户参与。其实，小米已经把这些用户当作自己的家人了。

小米十周年之际，为了感谢这批天使用户，还把当时购买小米1产品的1999元，返还给了用户。

再来看2023年火爆出圈的淄博烧烤。淄博烧烤，一场烟火，一次邂逅，淄博烧烤火出圈，五湖四海的游客齐聚，也让淄博一夜爆火。

淄博烧烤的天使用户，就是2023年初被安排在淄博进行隔离的七八千名大学生。当时孩子们情绪不好，且与父母相隔甚远，就更加没有安全感。

期间，淄博政府在住宿和饮食方面给予了他们很大的关心，让这些大学生有了一种"回家"的感觉。新冠疫情结束后，淄博市与这些大学生约定了春天到来时，到淄博吃烧烤！

3月5日，山东大学生组团去淄博吃烧烤，这个话题迅速通过自媒体裂变和放大，话题相关视频播放量达到1.8亿。

淄博烧烤的出圈，除了天使用户的带动和裂变，其价格便宜、性价比超高，加上山东人的热情好客，充满人情味的服务体验，久违的人间烟火，温馨和谐的氛围，打造了极致的体验场景。

超级单品的打造与其有异曲同工之处。

2013 年 8 月 9 日，罗辑思维推出了付费会员，分 200 元、1200 元两档会员价。仅仅 6 小时 5000 个亲情会员、500 个铁杆会员名额售罄，罗辑思维轻松收入 160 万元。正是这最早的一批天使会员，使得得到 App 在 4 年内积累了 3870 万名用户。

这样的案例不胜枚举，天使用户是每个超级单品起飞的梦想赞助商。

那么，到底什么叫天使用户？把天使用户的概念弄清楚，知道怎么去寻找，去哪里招募，后面操作就很简单了。

从上面的案例可以看出，天使用户都有以下特性：

- 爱尝试和冒险；
- 能积极参与到新产品的打造中来；
- 能容忍产品的不完美，帮助品牌一起传播和推广产品。

天使用户也是用户，就存在于产品最早的使用者中，他们认同产品并希望更多人认同这个产品。天使用户都热爱这个产品，并从口碑、产品改进、营销推广等方面给予支持和传播，起到超级单品从小众走向大众的基石作用。

对超级单品的打造来说，天使用户就像天使投资人一样，对超级单品和品牌的成功有着至关重要的意义。天使用户能在早期帮助企业快递迭代产品，形成产品力；可以帮助品牌沉淀口碑，输出 UGC（用户生成内容）内容。

获取天使用户的六个核心方法

获得天使用户，其实并不复杂，图 3-3 所示的六种渠道方法可以帮助找到足够的天使用户，依靠天使用户裂变出来的企业，总会用到其中之一。

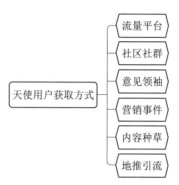

图3-3　天使用户获取的六种方式

1．流量平台

核心电商平台聚集着大量的用户，用户标签成熟，反馈机制成熟，信息收集方便。所以核心电商平台也是主要流量平台。常用的天使用户获取方式有免费试用、众筹、推荐等。

比如，淘宝平台的免费试用仍然是获取天使用户的利器。当品牌在淘宝上推出超级单品时，一个好的流量和体验的入口，就首选淘宝免费试用。可以申请将自己想要打造的超级单品放到试用平台上，用户在平台上申请免费试用，一般能试用的产品数量有限。对于申请成功的用户来说，会像中了大奖一样，他们会感受到极大的快感，也会在后期的试用报告上留下自己的反馈，并会持续关注品牌和超级单品的进展。

最终用户的反馈报告也会吸引新用户，是打造品牌超级单品、树立良好口碑的重要环节。

２．社区社群

社区是寻找第一批用户的最佳场所，可以在相关的社交媒体平台、论坛、贴吧等地方积极发帖，寻找目标用户并尝试与他们建立联系。从微博、知乎、豆瓣等都可以找到高品质天使用户。

比如，小米的天使用户就是依靠社区发展而来，当年小米市场部的人就是比谁在社区里发帖数最多，谁的工作就做得最好。至今小米还要每年通过社区收集 1.5 亿帖的用户反馈。

３．意见领袖

通过 KOL（关键意见领袖）和 KOC（关键意见消费者）试用获得好评，进行自媒体的二次裂变。名人效应，是天使用户挖掘最好的方式。

比如，知乎的发展就是依靠投资人中的超级大 V 李开复，李开复多次发邮件邀请创业公司 CEO（首席执行官）来回答为其量身定制的问题，通过自身的人脉和影响力，李开复为知乎带来不少高质量的天使用户。

４．营销事件

营销事件，也叫活动营销，指利用大事件，借力造势，吸引天使用户。很多时候，用户会因为一个活动、一个创意、一个话题爱上一个品牌。营销事件，就是通过这样的方式，让用户爱上自己的产品。

2022 年 2 月 15 日，17 岁的苏翊鸣在单板滑雪男子大跳台决赛中摘得金牌，一鸣惊人。令人没想到的是，这块金牌竟然把元气森林送上了热搜。

因为元气森林的三位代言人谷爱凌、徐梦桃、苏翊鸣，早已经在 2021 年与其签约。签约时，他们都是知名度不高的运动员，却都在北京冬奥会成了家喻户晓的奥运冠军。眼光毒辣的元气森林，迅速挖掘运动员商业价值的无限潜能，多维度地赋能元气森林这个品牌，带动一批天使用户，成为网友眼中的"福气森林""押王之王"。

5. 内容种草

内容种草，不言自明。在目标流量平台，按照用户属性，种草和拔草，就能收获一批的天使用户。

比如，完美日记就是 2018 年开始在小红书种草，获得了大批职场女性天使用户。

6. 地推引流

地推引流，顾名思义，是通过地面推广活动，将潜在用户引入或引流到特定商业场所或线上平台的一种营销策略。

地推引流，利用地址、时间、节假日等现场体验感，抓住用户好奇心，举办活动，获取天使用户。地推引流执行简单，见效快，能快速提升品牌知名度，增加天使用户数量，形成好的口碑效应。

地推引流现如今多用于线下实体店、App、超级单品等做线下推广，互联网企业、商家等也都离不开地推引流。

比如，滴滴的第一批种子用户就是创始人程维带着团队，跑遍了北京 100 多家出租车公司，一家一家谈来的。原定的目标是两个月内突破 1000 位司机，结果最开始的 40 天里，没有一家出租车公司肯签约。程维表示如果没有一家出租车公司愿意合作，就放弃这个创业项目。后来他们在昌平区一家只有 200 位司机的出租车公司进行宣传演讲，那时候智能手机还没有广泛普及，其中只有 20 位司机用智能手机，最后仅有 8 位司机下载了滴滴平台软件。滴滴开始做地推就用了一年多，地推人员从早上 7 点到晚上 10 点，每天工作 15 个小时，后来的半年时间里又用这样的方式合作了 500 多位司机，这些人成了滴滴最初的"星星之火"。

裂变，是找到天使用户的唯一目标

天使用户，不仅是用户，更重要的是"裂变者"。找到天使用户的唯一目标就是实现裂变，裂变为十万种子用户，裂变为百万核心用户（图 3-4）。

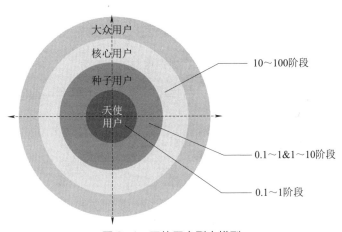

图 3-4　天使用户裂变模型

新产品推出来的时候，成本通常都是比较高的，效果也不会很理想，还容易落入一种进退两难的境地。只有通过天使用户进行裂变才是最优的方式。

所以，一定要让天使用户愿意裂变，也有能力裂变。

1. 如何让用户愿意裂变

产品一定要好看、好用、好玩、好晒，天使用户才有兴趣推荐。

比如，大多数人心中小米手机一直是"直男"的形象，很难打动职场女性用户。那小米如何破圈，占领女性职场用户的心智呢？小米就是用"好看、好用、好玩、好晒"，打造了颜值最高的 Civi 系列，颠覆了大众对小米手机的"直男"印象，让女性用户惊叹小米也能设计出这么精致的手机。

看人先看脸，手机也是如此，尤其针对女性用户，高颜值才是最佳卖点。小米 Civi 3 就是根据春夏秋冬划分，共有玫瑰紫、薄荷绿、奇遇金、椰子灰四款配色。这些淡雅、克制、高级感满满的色调，给人一种清新的感觉，看起来非常治愈。好用更不在话下，3200 万像素的"美人镜"摄像头，让女孩子怎么拍都好看，玩一天都不嫌烦，边拍边玩边晒，是自然而然的动作。

2. 让用户参与到产品的设计和研发中

简单来说，构建参与感，让用户参与进来，建立一个可触碰、可拥有、和用户共同成长的品牌。

小米让口碑在社会化媒体上快速引爆，其实利用的就是参与感。互联网思维核心是口碑为王，口碑的本质是用户思维，就是让用户有参与感。为了让用户有更深入的体验，小米一开始就让用户参与到产品研发过程中来，包括市场运营。

让用户参与，能满足年轻人"在场介入"的心理需求，抒发其"影响世界"的热情。

3. 设置一套裂变拉新流程机制

我们只需要极少的成本，就可以让天使用户去裂变拉新。拉到的新用户马上又可以让其再裂变拉新，然后享受与天使用户同等的待遇。

比如拼多多闻名天下的营销模式"砍一刀"——砍一刀领红包。这个活动充分抓住用户心理，便宜好玩，玩法并不复杂，当用户需要其他好友助力的时候，只需要将信息发送给其他微信好友，而对方只需要点击一下，轻轻轻松就能完成所谓的助力。

数据显示，2022 年，拼多多的年度活跃买家数量达到了 8.8 亿，月活跃用户数量达到了 7.5 亿。当优惠比较大或急需购买某件商品的时候，用户就会大量发布"砍一刀"的相关信息，他们自身习惯了别人发来的信息，也习惯向好友们发消息，并不会觉得烦。

4. 给天使用户利益

将一部分利润分给自己的天使用户，让天使用户直接成为你的代理商、代言人、合伙人，然后再让天使用户发展自己的天使用户。

比如，移动互联网时代崛起的白酒企业肆拾玖坊，49 个天使用户裂变为 49 个合伙人，仅用 6 年，就卖出 30 多亿元，估值 50 多亿元，颠覆了传统白酒市场。截至 2023 年 10 月，其坐拥 1500 多家线下体验店、2500 多个新零售经销商，还裂变了数百万忠实用户，让大家心甘情愿传播、卖货。

肆拾玖坊是怎么做到的？核心就在于下面这套"三级裂变模式"：

第一级，总公司解决资金问题。创始人在自己的圈子里，筛选了 49 个有能力成为股东的天使用户，跟他们讲产品、营销、模式等。这 49 个人认同企业价值体系，以众筹的方式，筹集了 500 多万元创业资金，建立总部，购买白酒。

第二级，分公司解决渠道问题。有了产品，肆拾玖坊走了一条跟传统白酒企业都不一样的路，让 49 个股东每人创办 49 家门店。每个门店分公司裂变 49 名股东，每人投 2 万，陆续发展了 49 家遍布全国的分店。每家分店相当于一个分公司，都是一个销售单位，投资人就相当于二级业务分公司，享有分公司的股权。

第三级，终端销售解决销售与客户问题。每个分店有 49 个销售社群，每个销售社群要求建 49 个群。这些人再去众筹开终端门店，每个社群发展 49 个微信群，每人投 1 万元。按 500 个终端算，肆拾玖坊就积累了大量资金。同时，每个三级股东要建立 100 人左右的社群，覆盖近千万客户。最终，门店、社群都能销售，产生裂变流量。有了这个流量池，根本不用愁业绩。

那么，如何让用户有能力裂变呢？我们需要给天使用户赋能，让其具备裂变的能力。

1. 给工具，制作简单且易操作的裂变工具

常见的一些裂变工具如下：

QQ群裂变工具：通过在QQ群设置裂变活动规则，鼓励群成员邀请更多的人加入群聊或参与活动，并获取相应的奖励或权益。

微博裂变工具：通过设置微博活动规则和奖励机制，激励用户转发微博、好友参与活动，从而实现信息的裂变传播和用户增长。

App裂变工具：包括内部邀请码、邀请链接等方式，通过用户邀请好友下载和使用App，并获得奖励或优惠，从而实现用户的裂变和增长。

短信裂变工具：通过发送短信邀请链接或短信验证码，鼓励用户邀请好友注册、参与活动，从而实现裂变效果。

社交媒体裂变工具：包括脸书、推特、照片墙等平台上的裂变工具，通过设置分享规则和奖励机制，鼓励用户分享活动、邀请朋友参与，并获得相应的奖励。

2. 给培训

例如开展线下粉丝见面会之类的也是变相的培训。

小米每年一届的"米粉节"OPEN DAY（开放日），都会邀请500位米粉回到公司参加见面会，这一天也是小米的生日。届时，"米粉"们可以聆听其他小米粉丝的故事，也可以获取小米公司的最新动态。

这个见面会不仅是给小米庆生，还变成了促销节，是回报用户的促销节，更是天使用户的培训会。通过过节，小米将公司信息软植入到"米粉"的心中，使得"米粉"成为很好的口碑传播源，进行二次传播。

用户经营：和用户做朋友

理解了流量，自建了流量作战地图，也找到了最需要的天使用户，就要把用户当作家人一样，倍加爱护。注意，这里讲的是经营，而不是运营，一字之差，结果却天差地别（图3-5）。

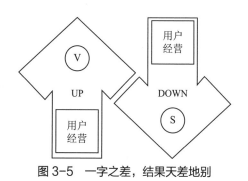

图3-5　一字之差，结果天差地别

用户运营，是搭伙过日子，能过就行。

用户经营，是要悉心呵护，幸福美满。

我们需要以用户思维去经营用户，一分付出，一分收获。

用户经营首先要有用户思维。以强大的用户思维为武器，对用户进行灵魂三问（图3-6）。

- 她是谁？——对用户画像。

- 她在哪里？——找到用户场景和触达方式。

- 她喜欢什么？——在用户的生命周期中对用户价值分层。

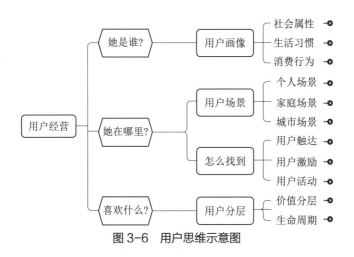

图 3-6　用户思维示意图

用户思维，就是和用户交朋友

用户思维伴随着互联网思维而来。

借助互联网成功的企业都有自己的互联网思维。雷军曾多次提及，小米快速增长的背后就是"互联网思维"。这里的互联网思维，其本质就是用户思维、产品思维、效率思维。

小米公司刚创建的时候，第一向同仁堂学习，强调真材实料做好产品。第二向海底捞学习，和用户做朋友，和用户互动。第三向沃尔玛学习，高效率地运作，控制好自己的成本，缩短中间环节，使产品价格接近成本价直销。最终，小米公司用用户思维、产品思维、效率思维，通过创新做到极致，形成了其发展的基石。

我们再来看看蔚来汽车如何利用用户思维成为造车新势力。

蔚来汽车联合创始人秦力洪曾讲过，用户是蔚来汽车"最宽广的护城河"。蔚来打破了传统汽车销售的倒金字塔式销售模式，自创了蔚来的涟漪式汽车销售模型（图 3-7），也就是前面提到的天使客户裂变模型，使得蔚来汽车 69% 的订单都来自天使用户到种子用户再到核心用户的老带新。

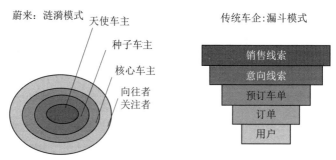

图 3-7　蔚来汽车的涟漪式销售模式

为了更好地服务用户，蔚来设立"用户代言部门"横向打通公司内部各个部门，及时处理和解决用户反馈的问题。

蔚来的品牌文化也是打造用户所拥有的品牌，成为用户的企业，为用户创造愉悦的生活方式。用户至上、勇攀高峰、创新为本、合作共赢，这四个词分别代表了蔚来对待用户的态度、对待自己的要求、对待技术创新的追求及对待合作伙伴的态度。

为了及时收集用户反馈，让用户参与到产品的设计与开发中，蔚来设立了用户社区，利用 NOMI 车载语音助手，实时、便利地反馈用户使用感受、车载使用记录，包括一些问题改进或突如其来的灵感。

汽车即生活，蔚来利用周边产品拉近和年轻用户之间的距离，并在京东、淘宝、天猫、抖音、快手、小红书等流量平台设立用户的数字化触点。

对小米而言，"小米感动了粉丝，粉丝成就了小米"。粉丝即小米的用户，对小米的发展起到了至关重要的作用。对于蔚来而言，用户构筑了蔚来发展的核心竞争力。

在创作、创业、生产等过程中，用户思维相当重要，把用户的需求放在第一位，才会创造更大的价值。

那什么是用户思维呢？

1. 用户思维，就是和用户做朋友

小米为了感谢最早的一批天使用户，将他们的网名放在了小米手机内测版的开机画面里。小米每年都会让员工手写贺卡寄给用户。小米每年举办的"米粉节"，更是朋友之间的盛会，"无米粉，不小米"。

2. 用户思维，就是及时倾听用户的意见和反馈

为了收集用户的反馈，倾听用户的意见——百万网友近 1.5 亿帖的意见，并及时应用到产品的开发和设计中，小米团队全员泡在论坛收集用户的吐槽和反馈，MIUI 新功能选项、开发的优先级甚至系统默认铃声等几乎都由用户投票产生。

3. 用户思维，就是邀请用户参与产品的开发和设计

用户心目中的好产品，才是真正的好产品。用户是评价产品好坏的唯一标准。邀请用户参与产品的开发和设计，及时调整产品的方向，用户会像保护孩子一样去维护产品。

为了尽快满足用户的需求，根据用户意见快速迭代产品，小

米还用了一种前所未有的"互联网开发模式",即用户参与投票的产品联合开发模式。

软件产品的升级迭代,很多时候之所以没有让用户感受到好处,源于对用户需求的不明确。小米的 MIUI 互联网开发模式,就是一个很好的让用户参与到产品的开发和设计中的典范。

当下,很多的企业已经很难脱离软件做硬件,或者脱离硬件做软件,而是要两者都要强。

小米 MIUI 的第一个版本于 2010 年 8 月 16 日发布,当时只有 100 个用户,他们都是 MIUI 团队一个一个从社群论坛里请出来的。凭借用户的口口相传,没花一分钱做广告,没有任何流量交换,到 2011 年 8 月 16 日,MIUI 发布整整一周年的时候,已经有了 50 万用户。

这 50 万用户来自雷军总结的互联网思维的核心——口碑。

围绕口碑的核心理念,小米的 MIUI 研发构建了"橙色星期五"的互联网开发模式,核心是 MIUI 团队在论坛和用户互动,系统每周更新。

如表 3-3 所示,小米每周五集成开发版,用户升级体验,并在 MIUI 论坛进行投票,生成"四格体验报告",这是来自用户对产品的最直接的评价。

表3-3 小米"橙色星期五"互联网开发模式

周一	周二	周三	周四	周五
开发	开发 / 四格体验报告	开发 / 升级预告	内测	发布

需求来自用户，产品评价来自用户，每次发布新迭代版产品，用户都有感知。用户不仅使用产品，同时拥有产品的评价权，真正成为产品的新主人。

4. 用户思维，就是围绕用户的需求做产品创新

创新驱动，用户至上。用户的需求，就是产品创新的方向。

小米的成功源于雷军对用户需求的敏锐洞察和勇于创新的精神。雷军始终强调创新是小米的生命线。小米在产品和商业模式方面都进行了创新性的尝试和探索，例如推出了"销售 + 服务"模式，创新性地采用互联网销售模式等，这些措施助力小米取得了巨大的商业成功。

5. 用户思维，就是以研究用户的生活方式替代研究产品

市场已经进入存量竞争时代，存量竞争的核心就是用户，需要将用户放到场景中去研究，看场景中用户的真正需求是什么，如何被满足。

做好了用户思维的准备，就需要清晰研究用户，认知用户，就得从对用户画像开始。

用户画像，更好地认识一群人

认识一个人，要从身高、头发、眼睛、体形等开始；认识一群人，就需要对人群进行画像。用户画像是为了认识一群人，是通过数据标签构建出来的用户形象。

通过对海量数据信息进行分析，将数据抽象成标签，再

利用这些标签将用户形象具体化，最终形成的就是用户画像（图 3-8）。

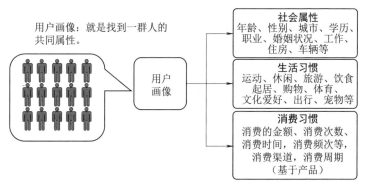

图 3-8　用户画像

用户画像是对一群人的认识，是对群体宏观的把握，体现了一群人的共性，是在单一/组合维度识别下，弱化群体中每个个体的形象与特色，从而聚合一类用户的共有特征。

用户画像的目标，就是给用户打标签。基础的用户画像，包含如下三个方面的内容：

（1）社会属性：年龄、性别、城市、学历、职业、婚姻状况、工作、住房、车辆等。

（2）生活习惯：运动、休闲、旅游、饮食起居、购物、游戏、体育、文化爱好等。

（3）消费行为：消费金额、消费次数、消费时间、消费频次等（基于产品）。

有了清晰的用户画像和用户管理的工具，就可以对用户进行研究、主动营销、产品调研、需求分析等。

用户思维，就是要研究用户的生活方式。如何研究用户的生活方式呢？就是把用户放到数智化的生活场景中，找到数字化触点触达用户。

可以利用表3-4，来简单确定用户标签。

表3-4　用户标签体系

标签	社会属性			生活习惯			消费行为		
	标签1	标签2	标签3	标签1	标签2	标签3	标签1	标签2	标签3
她是谁？									
她在哪里？									
她喜欢什么？									

AI 加持下的用户数智化场景

1. 数智时代已来，企业数字化经营是必然

数智化时代到来，新的技术、新的方法、新的工具不断产生，有些新打法一定要懂，不能被动接受，而要主动拥抱。

用好了，企业和品牌可以实现几何式增长；利用得不好，就可能会被时代抛弃，而且时代可能连招呼都不会打。比如，前面提到的数据决策，还有后面要讲的数据营销、数智化选址等。

我国目前已有超过10.5亿的人，通过手机全面地实现了互联网化、在线化和数字化。不管是新消费企业、贸易型企业还是生产制造型企业，都是生存在这些人口基数之上。

也就是说，用户已经全面地实现了互联网化、在线化、数字化、电商化，倒逼所有的企业去做数字化的战略转型，包括产品、服务、供应链、设计、运营、管理、财务、流程等。

企业还需要做好数字化经营、数字化管理，打造数字化组织，尤其需要具备数字化的意识，遇到问题，第一想到的解决方案一定是数字化的技术和工具。比如，小米有新项目，一定是先评估能否接入数字体系系统中，如果不能，这个项目的优先级就没有那么高了。

全面数字化、智能化、线上化是每家企业和每个个体未来都逃不开的命题。超级单品就是建立在数智化工具和方法之上，效率高，速度快。

2. 超级互联时代，造就用户三大生活场景

在 5G+ 人工智能 +IoT（人工智能物联图）技术融合，大模型算力和算法的主导下，如今已进入超级互联网时代，以用户为核心的数字商业三大新基建加快构建，也就以人为中心的三大生活场景，包括个人场景、家庭场景和生活场景。

个人场景以手机、可穿戴设备、人工智能助手为主要入口，构建数字化商业生态，满足人们衣食住行玩乐的基本生活数字化，已经完全不可替代。

家庭场景以电视、路由器、智能门锁等智能家居设备和人工智能音箱的中枢控制设备为主要入口，构建数字化商业生态。这也正是所有的大型企业都正在打造的未来生活形态，如小米、华为、中国移动、中国电信、美的等都在着力于此。

城市场景以智能汽车等出行中的 AIoT 设备、城市商业空间和服务空间等为主要入口，构建数字化商业生态，也就是大家生活中的购物场景、娱乐场景、办公场景等。

3. 三大应用场景裂变出更多生活细分场景

把个人场景、家庭场景和城市场景按照时间、空间、情境、关系做进一步细分，就可以得出图 3-9 所示的细分生活场景，这些场景才是用户日常的生活。

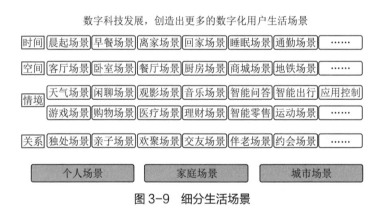

图 3-9　细分生活场景

人工智能和数字化加持下的这些用户生活场景，就是数智化场景。每个人的生活都逃不开这三大场景细分之下的场景。技术 + 人构建新场景，人就生活在这些数智化场景中。这些场景总有一个数字化的方式能触发用户，比如二维码、小程序、企业微信等。

用户在数智化场景中孕育新商机

1. 数智化细分场景孕育新生活、新商机、新需求

上文提及的新细分数智化场景孕育了新生活、新用户、新的商业和新的需求，也产生了新的用户痛点。

比如，晨起场景中的健康监测设备，早餐场景中的智能化家电，智能出行场景中的智能汽车，年轻人欢聚场景中的电子烟、果汁加酒的饮料等。

未来，所有的新机会都会出现在这些用户细分场景中，而超级单品也会更多地诞生于这些细分生活场景中，如近几年涌现的新消费品牌小米、添可、认养一头牛、三顿半、完美日记等。

2. 将用户放到数智化场景中去研究

要在数智化细分场景中找到新商机、新需求，就需要将用户放到数智化细分场景中去做研究。

将用户放到场景中去，利用图 3-10 所示的场景需求定义工具，先确定一个场景，研究这个场景中的用户画像和用户旅程，分析用户的真正需求是什么，然后再确定用什么产品或者服务满足这个需求。

分析清楚能满足用户的产品或服务之后，还需要研究如下四个问题：如何触达，如何互动，如何转化，如何服务。

（1）触达：最好是数字化触达方式。比如扫二维码、在线支付、加企业微信等，再如抖音本地生活直播等。

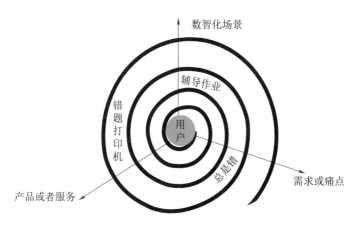

图 3-10　场景需求定义工具

（2）互动：比触达更重要的是互动，如扫码、提意见、发优惠券、小红书、抖音留言等。

（3）转化：确定用户买单的意愿。即使需求很大，如果用户不愿意买单或没有买单能力，那也不可取。

（4）服务：产品即服务。服务是口碑的基础，是产品的重要组成部分，也是用户复购的前提。

深挖痛点：痛点就是产品实实在在的卖点

真正的用户需求，只有在对应的场景下才会真正呈现出来。深入挖掘用户需求和痛点，一定是建立在正确的用户和用户场景的基础之上。

场景定义产品的方法，即以场景带需求，以需求定产品或服务，我们还需要对场景进行深入分析和挖掘，否则就可能会出现伪需求和需求缺失等问题。

有痛点的地方，才会有商业。一切的商业都建立在市场需求之上，而一切的需求都建立在用户痛点之上。痛点是所有商业的核心，解决痛点才是用户愿意买单的核心动机。

所以，找到痛点是一切产品和服务的基础，用户的痛点才是产品实实在在的卖点。

痛点才是实实在在的卖点

1. 卖点不清，是因为痛点不明

用户有了痛点，才会愿意花钱，市场才会有需求。

空调用户的痛点就是怕热，产品的卖点就是制冷。空调制冷效果不好，讲别的优点都是忽悠。

不粘锅用户的痛点就是怕锅难清洗，产品的卖点就是不粘、易清洗，如果向用户不断强调材质，也是忽悠。

电视用户的痛点就是觉得无聊，电视的卖点就是用有趣的内容，打发大家无聊的时间。抛开电视的内容，强调电视机的面板，用户也会摇头。所以说，传统电视厂商卖硬件，肯定卖不过互联网电视品牌卖内容。

但是，很多产品都是被开发出来之后，才去找卖点。这时候找出来的卖点，肯定是七拼八凑，不尽如人意。就好比，我有药，但不知道能医什么病；我有解决方案，但我不知道能解决什么问题。

所以，用户痛点明晰之后，产品的卖点就应该清楚了。痛点才是实实在在的卖点，别的都是锦上添花。现实生活中我们往往容易犯的错误是，有花却不知道添加到哪张锦上。

2. 痛点也是创新的原点，持续去解决用户的痛点，就是颠覆式的创新

痛点也是创新的原点，互联网公司的"迭代"产品思维，就是持续解决用户痛点的模式。找到用户痛点，持续去解决用户的痛点，就是颠覆式的创新。

乔布斯推出 iPhone 手机，之所以能颠覆行业，就是因为乔布斯不仅用 iPhone 取代传统手机，而是将用户沟通、拍照、听音乐、办公等多场景的应用需求集合于一身，用户出门只需要带一个手机就可以。最终导致传统手机行业、卡片相机行业、音乐播放器行业、掌上办公行业逐步消亡。

3. 解决用户的痛点，就是超级单品的使用，也是品牌所肩负的社会责任

所有的需求都值得被满足，除了伪需求。这也是做超级单品的产品经理和经营品牌的企业所肩负的责任和使命。

例如我国第一位获得诺贝尔生理学或医学奖的科学家屠呦呦，就是经过多年的试验研究和付出，研究出了有效治疗疟疾的药品"青蒿素"，挽救了世界多国数百万人的生命。2015 年，屠呦呦荣获诺贝尔生理学或医学奖，2019 年又被授予"共和国勋章"，被世人尊重和敬仰。

同时，我们也能看到有一些网红品牌，依靠流量玩法和信息

不对称，取得了一时的销量甚至打造出了爆品，最终却因为没有很好地解决用户痛点导致昙花一现。

雕爷牛腩可以称得上是餐饮网红始祖，在网红混战的年代里，雕爷牛腩一战成名，模仿学习者遍布天下。当时，雕爷张口闭口都是："改变传统餐饮业，颠覆餐饮，改变世界"。但其最后还是被世界改造，核心就是没有延续用户喜欢的好产品。用户给的最直接评价就是，"太难吃了"。这就很难再吸引客户二次消费，最终不得不关店收场。

三步双驱，深挖用户的痛点

痛点是卖点，也是创新的原点，如何找到用户场景的痛点呢？

找痛点，可以利用图 3-11 所示的"三步双驱"模型，轻松就能搞定。

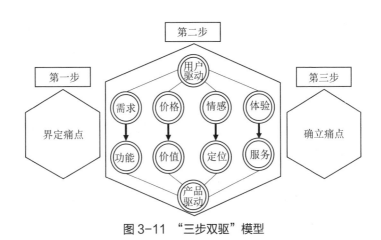

图 3-11 "三步双驱"模型

第一步：界定痛点

界定痛点，就是反复"三问"，反复迭代，反复修正，周而复始。

"三问"包括：给什么用户，带来什么价值，解决什么需求。

给什么用户，就是反复地精准化用户画像，看用户有没有变化。带来什么价值，就是看设定的价值有没有满足用户的预期，有没有超越用户预期，是不是有更好的替代方案。解决什么需求，就是换位思考，用户为什么会买，买完用得怎么样，需求满足有没有达成，还有什么问题，有没有更简单的方式，让用户用起来更简洁。

第二步：提炼痛点

提炼痛点，就需要用到双驱模型，即从用户和产品两个角度去思考，确认能否界定为有效痛点。很多时候痛点和需求都是明确的，从产品角度来看，却没有技术和经验可以实现突破。那这个痛点的商业化，就需要重新去界定。不是不做，而是要重新思考目标和实力。

（1）用户需求驱动产品功能

用户的需求，首先是能用、好用。比如，小米就是给产品做减法，满足大多数人的需求就可以，将核心功能做到极致，打造了一款款行业冠军的超级单品。

（2）用户价值驱动产品价值

让用户觉得这个产品有价值，有价值不是买不起，也不是很便宜，而是有性价比。有性价比，不是高价，也不是低价，是用户与价格的最优组合。

让产品价值超出同类产品的价值，从做工、用料、设计、产品形象、产品功效、产品品牌价值等方面提升价值。

（3）用户情感驱动产品定位

产品一定要表达用户的情感价值，情感价值决定了产品的定位、调性、温度。

物欲横流的当下，情感显得弥足珍贵，人们不再是单纯购买一款产品，而是在购买一种生活方式、一种表达方式。

如DR钻戒每个人一生只能购买一次的情感文化传播，ROSENOLY（诺誓）主张爱情信物一生只送一人的理念。

（4）用户体验驱动产品服务

用户的体验包括购买体验、配送体验、使用体验和服务体验，这些需求去驱动产品的服务内容、服务项目、服务时效等。这时候，细节是魔鬼，直接决定成败。

如高端产品使用低端物流公司配送，肯定会有问题。问题不是出在选择什么物流公司，而是物流公司的服务水平，直接影响了用户的产品体验。

当然在双驱之下，还需要考虑产品量产化的产品壁垒、技术难度、供应链能力、用户可替代方案等。

第三步：确立痛点

确立痛点，就是再次验证痛点的正确性，痛点不要多，2~3个就可以了，可以使用表3-5所示的工具。

表 3-5　"三步双驱"深挖用户场景痛点练习工具

	界定痛点					
第一步	什么用户					
	带来什么价值					
	解决什么需求					
	提炼痛点					
第二步	用户驱动	需求	→		功能	产品驱动
		价格	→		价值	
		情感	→		定位	
		体验	→		服务	
	确立痛点					
第三步	痛点（用户）	1.	2.	3.	（不用太多）	
	卡点（对手）					
	难点（自己）					

　　通过以上努力，可以初步确定产品痛点 1.0 版本，但需要有迭代思维，要小步快跑、边错边改、及时接收市场反馈，实现产品快速迭代升级。

　　快就是一切，但快的核心是要先慢下来，先慢再快。不要标新立异，要有迭代思维。

超级单品一起步，就是要三点迸发

　　存量市场下，研究清楚用户痛点之后，不是发现了新大陆，因为在这之前肯定有别人也发现了这些痛点，只是没有解决好而已。

　　这时候我们需要慢下来，进一步研究之前别人没有做好的卡点和自己品牌进入时的难点，评估自己是否有实力、能力和必要去解决。比如，芯片是明摆着的痛点和卡点，以目前中国的技术水平就是解决不了，但华为的努力就值得尊重。

痛点、卡点和难点，一样重要，更重要的是找到超级单品起飞的突破点、着力点和爆发点。

突破点，就是一定要找竞争的差异点，比如独特卖点、更高的颜值、极致的性价比等，在市场撕开一个口子，快速迭代升级，快速进化。

着力点，就是抓手，比如数字化、数字渠道、全域营销等，可以快速放大产品用户量、销售量、市场声量的工作，从而跑出模型、查缺补漏，为大爆发做好基础建设，为大规模融资做好准备。

爆发点，就是找准极速效率的提升点快速裂变，利用重构电商、借力营销，快速放大、再放大，也可以借助资本的力量放大。

一个案例：理想汽车如何以用户思维打造超级单品

理想汽车是造车新势力的头部品牌，理想 ONE 在 2021 年成为中国中大型 SUV 销量冠军后，其产品迭代到超级单品 L9，销量也是市场领先。

理想汽车的成功，核心原因有三个：聚焦精准赛道、用户思维和超级单品。

聚焦精准赛道方面，理想汽车选择家庭出行用车赛道，这个赛道因为太窄，之前无竞争对手进入，理想汽车以理想 ONE 为开路先锋，开创了全新的"家庭豪华"细分市场品类。

这个赛道的用户画像是：超级奶爸，男性，35 岁上下，二胎，父母双全。这个画像也是收入、积蓄、品位比较高的社会中产一族。

市场需求方面，多人家庭（父母儿女）男性用户增购为主。理想 ONE 2019 年上市以来，男性购买者占比 75% 左右，增换购占比 80% 以上，"70 后"和"80 后"占比 70% 左右，以汉兰达 / 别克 GL8 等为主要竞品。

这个赛道的出行场景是小有所成的中年男性带着一家老小和可爱的宠物出行。这个场景下的用户痛点就是：

- 汽车空间小，一家人挤不下，但谁也不能落下，包括小宠物，因为中产一族 80% 的家庭养宠物，宠物也是其家庭的成员。

- 出门长途跋涉，旅途无聊，老人和小孩长时间坐车，容易疲乏。

- 电动车跑一会儿就要去充电，长途旅行，充电站少，排队的人多，夏天晒，冬天冷。很多人的解决方案是城里开电车，外出旅游开油车。

由此，理想抓住用户痛点开发产品卖点，打造了理想 ONE 超级单品。理想 ONE 主打"空间足够大""座舱高智能""里程无限制"三大卖点，满足家庭多人长途出行的场景：

- 超大空间：三排六座，头顶和腿部空间足够；

- 智能座舱：前排三联屏，全车语音交互人工智能控制；

- 里程无忧：增程式满足大型 SUV 长途出行里程需求。

2019 年前后，市场竞争惨烈，理想进一步细分赛道人群，精准地定位了三类换车或者新增人群，作为理想的天使用户，包括：

- 汉兰达 + 奥迪 Q3+ 宝马 X1 等用户向上消费升级换购；
- 奥迪 A4+ 奔驰 C 级 + 宝马 3 系等轿车，以及别克 GL8+ 艾力绅 + 奥德赛等轿车 /MPV 车主用户换购差异化；
- 宝马 X3/ 凯迪拉克 XT6/ 奥迪 Q5L 等高价用户增购。

理想 ONE 利用内部空间领先绝大多数 SUV 和高性价比，快速赢得天使用户的芳心，形成良好的行业口碑。

理想 L9 是超级单品理想 ONE 的升级，其重新定义了全尺寸旗舰 SUV，定位中国家庭用户，致力于为其创造一个宽敞精致的家。理想 L9 拥有五屏三维空间交互，标配 4D 沉浸式影音系统，有超大空间、三排全电动座椅、首创四向电动腿，配备全自研的旗舰级智能驾驶系统理想 ADMax，智能又安全。

为了更好地服务客户，理想汽车还建立了线上线下一体化平台、全新的线上渠道，与客户直接沟通。同时，超级单品模式，也为理想汽车提供了供应链优势。超级单品，单车、量大，供应商合作积极配合度极高。

第 4 章

重构电商

电商不只是线上卖卖货那么简单，我们要以全域电商模式布局，去重构电商。重构电商，就是去重新思考电商发展的战略、电商的布局、电商的经营思路等。

商业就是提供一种产品或者服务，通过市场营销卖掉产品或服务，从而赚取利润。超级单品也是如此，通过战略"三定"确定在什么行业，有什么新的机会；通过创新，做超级单品，来满足市场的需求空白，改善现有产品不足，或者发现用户新的需求。

但是，存量市场下，能满足用户需求的方式很多，酒香就怕巷子深，能第一时间到达用户手里的产品，才是好产品。如果酒香是营销的话，那首先得有条巷子让酒香能飘出来，这个巷子就是电商。

万物归宗，一切皆电商。

电商的本质就是提升交易的效率，也是目前交易效率最高的方式。所以，超级单品要以电商为起点去做销售布局。

电商不只是线上卖卖货那么简单，我们要以全域电商模式布局，去重构电商。重构电商，就是去重新思考电商发展的战略、电商的布局、电商的经营思路等。尤其是当下以人工智能大模型重构电商后，电商更应该去主导一切交易。

重构电商，要有全域思路，从线上出发到线下，从公域出发到私域，立足国内，发展全球。

全域就是全渠道、全链路、全场景、全数据、全媒体。要渠道链路化，链路要场景化，场景要数据化，数据要资产化，全媒体要一体化。

全域就是以数字零售为底座去重构电商模式，如线上到线下融合模式，线下店面到线上数字化经营三层楼模式，DTC 模式，跨境出口货卖全球，等等。

有了全域，就要去做电商的销售和增长，电商的增长单靠以前的流量模式、运营模式、单店模式、平台模式、传播模式，很难保持有序、长效的增长。这时候就需要培养企业的综合实力，这个综合实力就是电商的经营力。

最能有效推动电商增长的模式，就是以用户为中心的五力增长模式，即产品力、渠道力、营销力、内容力、服务力的增长。这五力以数字化为抓手，以用户为中心，相互影响，相互制约，共同推动电商的增长。这就是重构电商销售增长的核心经营策略。

重构电商：三个步骤四大模式，重构电商经营

万物归宗，一切皆电商。未来，电商会是一切交易的底座。

电商是所有交易模式中效率最高的方式。而效率，是商业竞争的核心。择高而立，所有的生意都应该建立在这个高效的生意模式基础之上。电商也正以这个使命，逐步改变着每一个行业，同时也已经渗透和改变了各个行业领域。

比如，智能汽车的销售，就像买手机一样方便，不用像传统汽车销售一样，还得一趟趟地跑 4S 店，而是逛街的时候看到心仪的汽车，就可以躺在家里的沙发上下单，代驾可以直接送货上门。

各行各业都要以"重构电商"的概念去重构自身电商模式。

重构电商就是，所有商业事宜都要有电商思维，即以电商为工具，以数字化为抓手，以用户为中心，从线上去整合线下，从公域去积累私域，以全域化和数字化为核心的经营思路。

重构电商模式，要研究清楚自身行业所处的电商发展阶段，重新制定电商战略，布局电商发展模式。

现在的电商，大学才刚毕业

1. 电商将向智能化、人性化发展

电商最初的发展建立在互联网信息技术的发展之上，属于二维模式，即移动互联网推动了电商的发展。而随着云计算、物联网、区块链、元宇宙、人工智能、大数据、大模型的发展，这些都为电商提供了绝佳的创新机会和商业价值。

电商也在快速自我迭代和进化，尤其是大模型的出现彻底改变了电商的发展，电商正在以人工智能和大模型为底座，进行颠覆式的改变。

假如说 PC 时代的电商是完成了义务教育，那么移动互联网时代的电商则是进入了大学。人工智能和大模型的加持，让电商以优异的成绩大学毕业，一身武艺，面向全球，跃跃欲试。

2. 电商将向多极化延伸发展

未来，电商将向以下三个重点方向施展才华。

第一，从中国向全球发展。中国的电商经验和先进性，正在全球输出和发展。目前中国电商的发展水平和能力，已在全球遥遥领先。虽然电商起源于美国，但当下中国电商不管是技术、基础还是运营，都要领先美国一大截。我在之前多次和美国电商团队的交流过程中，也能看到他们对中国电商的发展感到吃惊和羡慕。

超级单品要立足国内，货卖全球，全球都是超级单品的市场。

如2023年小米手机国内销量大降，但海外市场销售增长，还是让小米取得全球前三的市场地位。

第二，伴随经济发展向中西部地区延伸。在全国各地城镇化建设的进程中，电商也由东部沿海地区向中西部地区发展，由城市向农村发展。尤其是在拼多多和直播助推之下，农村电商发展进程加速。

农村电商的发展主要包括两个方面：一方面，农产品和特产利用电商走出来；另一方面，电商产品和服务走进农村，服务农村。

第三，电商行业由之前集中于网络的商品销售和服务提供，向多行业、多领域拓展和延伸发展。移动互联网的发展，使得人们的衣食住行玩乐向互联网化、在线化、电商化发展，完成了消费互联网的使命。而工业互联网电商的发展，才刚开始。更多传统企业应该抓住工业互联网电商发展的契机，以超级单品为载体，改变自我，实现降本、增效和提质。

3. 新电商推动零售业态"无界零售"发展

电商是零售业核心的组成部分，也是未来零售业的全部。2023 年是大变革之年，国美、苏宁、家乐福等相继退出历史舞台，新零售也走下神坛，即时零售也慢慢消退。

我们不禁要问，零售业的尽头是什么？那一定是以电商主导和推动的"无界零售"。无界零售才是未来 10 年零售业态的新发展趋势。

无界零售，突破传统，引领零售新发展。无界零售以 AIoT 为载体，以用户为中心，以大数据和人工智能为驱动，融合线上线下，为用户个性化和定制化服务，用户的零售不再受任何场和域的限制。

无界零售，不是没有边界，而是将用户的购物体验完全融入生活场景，融入以 5G+ 人工智能 +LoT 打造的数智化场景中，做到比用户自己还要懂自己，即完全的智能化、场景化和数字化。

所以，研究用户数智化的场景，既是大势所趋，也是顺势而为。

三个步骤，重构电商战略

电商的经营发展不是一个新话题，电商的做法也没有此前未见的新方法。

未来，线下渠道会成为电商的补充，一个为用户提供体验和交付的新场景。所以，电商才是一切生意的入口。

但当下很多品牌对电商的认知和应用还是简单地停留在电商

平台上卖卖货，拼的是全网最低价，算的是流量转化率，最终导致企业盈利水平下降。企业不盈利又会导致没有好产品，没有好服务。

以往，有不少淘品牌、网红品牌、低价爆款产品，生于流量的红利，也死于流量的枯竭。没有好的品质，没有好的服务，没有好的体验，低价虽然换来一时的销量，但最终都是昙花一现，结果就是全输，既损害电商平台，又损害消费者，还伤害品牌和企业。

商业要回归本质，商业的本质就是诚信，就是双赢。尤其是在存量市场竞争之下，我们更要以超级单品创造商业本质，实现平台、用户、品牌多赢的局面。

超级单品，不仅产品要做到高颜值、高品质、高性价比，还要让用户觉得好看、好用、好玩、好晒，让用户始于颜值、陷于品质、忠于品牌。我们需要在此基础之上，去重构电商的战略和发展模式。

那，如何来重构电商战略呢？我们可以按照以下三步走：定位、算账、布局。

1. 定位：重新定位电商的作用和重要性

电商经过 20 多年的发展，不再只是线上卖卖货那么简单，也不只是一个销售渠道作为别的渠道的补充，我们更不应该将电商放到销售部、市场部或者品牌部之下。经过迭代和创新，电商已经形成了自己独特的优势。

电商不仅是一个销售渠道，更是一个客户载体、一个营销平台、一个数字资源池。

电商聚集了 10 亿多具有消费能力、年轻、时尚的用户资源数据，企业和品牌可以更加精准地去电商平台拉新，做营销传播。

电商也是最有效的营销平台。电商是以转化为核心去拓展营销资源，重构电商就要以转化为目标，从电商平台内部出发去布局营销渠道，所有的销售都要为转化服务。从电商内部出发的营销可以做到品销协同，让花出去的每一分营销费用，都能算出销售产出。

电商更是一个数据资源池，积累了 20 多年来用户的消费数据，足够去研究消费类产品的发展（具体第二章已经讲到）和对产品的定位。

所以，经过多年的沉淀，电商已经形成了大量的用户资源、数据资源，成为销售、营销、技术、口碑、数据等的综合平台（图 4-1）。

图 4-1　数字化时代，重新定义电商角色

2. 算账：先要算赢，才能做赢

算账，是经营战略很重要的组成部分，也是产品规划最重要的环节。

做产品首先要算账，只有算赢，才能做赢。

现实生活中，很多产品做出来后才发现，出厂价比竞争对手的零售价都高，这时候何谈竞争。还有些产品在做规划的时候，明明测算成本是负数，还要推进研发和上市，最后亏得一塌糊涂。初创企业尤其如此。

价格竞争力差，产品销售亏损，没有利润空间去做推广，这都是因为之前没有很好地算账。

算账，核心就是两项关键工作：目标市场销售规模预估和成本测算及优化。

目标市场销售规模预估，即按照市场整体规模、竞争对手的占比、历史销售记录、预期要达到的市场占比来综合预估和校准。具体可以参考表4-1。

表4-1 电商年度目标分解表

平台	平台占比	1月	2月	3月	4月	5月	6月	7月	8月	9月	10月	11月	12月	合计
销售占比														100%
销售目标														
天猫														
淘宝														
淘宝分销														
京东自营														
京东pop														
抖音														
快手														
拼多多														

续表

平台	平台占比	1月	2月	3月	4月	5月	6月	7月	8月	9月	10月	11月	12月	合计
小米有品														
小红书														
视频号														
其他														
合计	100%													

　　成本测算及优化，这里主要以电商平台、营销费用测算为参考。要把产品销售过程中涉及的营销费用都计入，比如税费、认证费用、售后费用、仓储物流费用、渠道商利润、资金成本、销售平台佣金、推广费用等（表 4-2）。减去这些费用和公司附加的经营成本，利润为正，才叫算赢。

表 4-2　国内电商产品营收测算工具表

主要项目	项目明细	测算	汇总
产品信息	品牌		
	产品型号		
	主要功能		
产品成本	BOM 成本		
	国内税率		
	含税价格		
	认证费用		
	售后率		
	售后费用		
	其他费用		
	出厂价格		

续表

主要项目	项目明细	测算	汇总
订单信息	零售价格		
	订单数量		
仓储费用	B2B 运费		
	B2C 运费		
	仓储费用		
平台费用	平台佣金		
	推广费用		
	营销费用		
利润预算	销售总额		
	毛利润额		
	毛利润率		
	净利润额		
	净利润率		
收益金额	美元		
	人民币		

3. 布局：选一种最优的渠道模式

电商布局对于超级单品销售的实现很重要。超级单品的电商布局依据是，用最短的路径、最短的时间、最好的服务，将产品提供给用户。全渠道布局是每个品牌的基础动作，但是每个电商平台主推和有效的产品组合才是关键，要依据平台用户人群的画像来做区分。

例如，消费电子产品的核心用户群是男性，那京东就是最好的核心渠道。美妆产品则可以小红书种草、淘宝转化为核心。

这个环节很重要，也直接决定了品牌的经营模式。

四大模式，重构电商布局

电商布局，就是选择用什么样的渠道模式，把超级单品用最短的路径、最短的时间、最好的服务送到用户手里。

因为企业所处的阶段和规模不同，电商布局可选择一种模式，如只做好抖音；也可以多种模式或者平台叠加，如全网电商模式；也可以是所有模式的综合，如数字零售。

电商布局，可以从一个小平台一步步做起，也可以所有平台一起布局。不管选择什么样的模式，一定要择高而立，要有全域大梦想，即使现在是小平房，也要为建高楼大厦做好准备。

电商布局有很多模式，这些模式也在不断地推陈出新、自我迭代和优化。总体来看，如下四种模式对超级单品的布局最高效。

1．电商全域模式布局

电商全域模式，就是在核心电商流量平台和自建电商商城布局，即：传统电商（淘宝、天猫、京东自营、京东 POP、拼多多等）+ 内容电商（抖音、快手、小红书等）+ 官方商城 + 微信商城或者小程序。

大多数品牌都是采用这种模式开启电商业务，这也是传统企业进入互联网的渐进模式。

比如，小米电商的发展过程，就是最早从自建官方商城小米网（也是官网）开始，后期入驻天猫、入驻京东自营，与拼多多合作，再到与抖音、快手合作，基本完成了全网电商布局。

2．实体门店数字化、电商化改造

三年新冠疫情期间，实体店遭受了致命的打击，活下来的实体门店都是自我进化的企业。未来，实体门店更多是线上交易的补充，是为线上提供体验和交付的场景。实体门店的数字化、电商化就成了关键。

我们通过数字化、电商化模式去改造实体店经营，让实体店变成立体的数字化零售门店。不管是单店、连锁店，还是大型商城，都该如此。

数字化零售门店至少包括三层结构。这三层结构，我们可以形象地理解为实体店三层"数字化小洋楼"。

第一层：实体店线上门店，主要目的是拉新。

第一层帮助实体店通过线上导流、线上拉新和线上传播，触达用户，完成用户拉新、用户成交转化等。核心数字化触点，包括如京东、淘宝、抖音、快手、小红书等。另外还包括OTO（线上对线下）本地化服务平台，如大众点评、美团、百度地图、高德地图、饿了么等。还有视频号、企业微信、朋友圈等私域平台。

可以用电商的工具和营销手段，促成用户关注，并到线下店铺消费。常用的有门店直播、线上分销裂变、视频号矩阵、门店企业微信等。

第二层：实体店实体门店，主要目的是转化。

实体门店·，是用户交付和转化的重点场所，也是品牌建设的核心地带，是拉近与用户的距离的重点方式。它是线上电商不可比拟的，也是线下经营者的核心竞争优势。

实体店不再到处是堆得满满的商品，而是着力于提供更好的服务和体验，完成品牌文化价值的传递。如电动汽车的销售地点，不再是 4S 店，而是大型购物商场。

第三层：实体店后台数字门店，主要目的是复购。

复购才是未来商业的核心竞争力。

实体店的优势就是与消费者没有距离，服务和商品看得见、摸得着，消费者随买随走，即用即买。

数字化发展到今天，实体店再也不能等着用户用得好了再来，往往用户用得好了也不一定能再来，因为选择太多。这时候实体店就需要主动出击，把用户拉到店里来，完成这个动作最好的工具和方式就是数字化门店的经营。

数字化的门店经营，常用的工具和方式有 CRM、智能营销、智能支付等。利用大数据等底层技术，实现数字化的新营销、二次营销、二次传播等，拉动用户产生多次复购。

3．DTC 模式布局

DTC 模式，就是直接把产品卖给用户。DTC 模式是"以用户为中心"的商业思维，也是未来品牌成功的关键。

第一，DTC 模式借助更高效渠道直接触达消费者，无限拉近了品牌与消费者之间的距离，产生广泛的品牌认知和巨大的自然流量。

第二，DTC 模式给新生品牌的崛起提供了逆袭的机会，极大缩短了新生品牌成功的时间，已经成为当下最热门的商业趋势之一。

第三，DTC 模式完成了传统 B2C 品牌 5~10 年的发展历程，也让全球消费品巨头如宝洁、欧舒丹、家乐福等，以收购或成立孵化器的形式进入 DTC 品牌。

第四，DTC 模式除了以消费者需求为核心外，市场反应速度快，产品迭代速度快，品牌故事化营销，不是面向大多数人群，而是一小部分人群，小而美，但规模不可小觑。

如美妆品牌完美日记，通过 DTC 模式的高效运转，放弃了传统的电视广告、平面广告等，转而将目光投向以社交为主的小红书、微信等媒体平台。借助 KOL 种草产品，利用品牌 IP 和社群渠道精准触达用户，直面用户的需求和建议，使得完美日记在较短时间内突破了国际大牌的垄断封锁，迅速成长为知名的国货美妆品牌。

成立不到 3 年，天猫平台完美日记的产品销量便可以力压国内同行，甚至赶超国际大牌。DTC 商业模式在这一逆袭过程中，功不可没。

4. 货卖全球布局：跨境出口与海外电商

货卖全球包括两部分，跨境出口和海外电商。一是利用跨境出口电商业务，立足国内，利用亚马逊、eBay、速卖通、Wish、1688、阿里国际站、敦煌网等，把超级单品通过 B2B 或者 B2C 的模式卖给全球用户。

二是通过海外电商或者海外自建站的形式，卖货给海外用户。这个模式对产品和准入市场规则的要求比较高。

超级单品，应该立足国内，放眼全球。先做好国内，然后再去拓展海外市场。

电商全域：打造超级单品成功的超级舰队

超级单品，就是要成为行业品类冠军。

电商的发展，为超级单品销售提供了最高效的销售渠道。超级单品确定的销售渠道布局就是，从线上出发到线下，从公域出发到私域，立足国内，发展全球。

从线上出发，就是先经营好电商流量平台，也就是传统电商（淘宝天猫、京东自营、京东 POP、拼多多等）＋ 内容电商（抖音、小红书、快手等）＋ 微信商城或者小程序等。

经营好电商流量平台，一定要具备全域经营的思路。全域经营不仅要包括电商核心流量平台的全渠道、全链路、全媒体、全场景的经营，更要去整合单个电商流量平台内部的资源体系，以电商流量平台内部的用户为核心，以电商流量平台内部的店铺为抓手，去整合电商流量平台站内和站外资源、线上和线下资源。

首先我们来研究下，什么是电商全域经营。

全域经营，是超级单品成功的航空母舰

1. 什么是全域？

互联网从来不缺新概念和新词，"全域"这个词最早是 2016 年由阿里提出来的，当时为了广告业务，指的是大淘宝之下的全域营销。在数智化加持下，2022 年阿里全域营销已进入 2.0 时代。

腾讯广告提出全新的平台定位"企业全域经营伙伴"，也是

为了以电商为转化方式的广告业务。快手发布《2021 快手磁力引擎营销通案》，明确快手的商业定位是"全域营销"。京东推出发布"营销云"，定位为"全域营销提效平台"。2022 年抖音电商的定位也从"兴趣电商"升级为"全域兴趣电商"。

从平台全域的发展来看，全域是各个平台整合自身优势资源，为品牌提供广告营销服务，想把品牌推广和销售效果转化合二为一，叫作"品效合一"。初期效果不是很明显，经过迭代，人们发现，品效很难合一，但可以品效协同，也就是广告营销、品牌推广可以和销售转化、销售产出协同发展。

传统营销和广告的效果产出，有很严重的滞后性，广告投完什么时候见效果不知道，有没有效果也不知道。而数智时代，花掉的每一分钱都能看到回报，这就是"品效协同"。电商平台的全域经营，就给品牌提供这样的工具。

全域就是全渠道、全场景、全数据、全媒体。为了更好地实现销售转化，渠道要链路化，链路要场景化，场景要数据化，数据要资产化，全媒体要一体化。

2. 什么是全域经营？

全域经营就是一种以数字化为抓手，以用户为中心，从线上到线下，从公域到私域，企业电商的经营方式。

以数字化为抓手，就是要有数字化意识，就是把货卖给用户的过程中，全链路数字化。电商销售已实现全链路数字化，重点是线下业务数字化和线上化发展。

以用户为中心，就是要有用户思维，把用户放到数字化场景中去研究，在场景中找到用户的需求，从需求中发现用户的痛点，产品卖点就是用来满足用户需求的。需求、痛点与卖点，互相影响，互相促进。

从线上到线下，就是要有电商思维，以线上为核心，利用电商提升交易效率，线上导流到线下，提升线下获客能力，线下业务数字化，进行电商化改造，提升线下复购能力。打造线下场景，给用户更好的体验，让用户感受品牌文化。

从公域到私域，就是从有流量的平台把用户吸引到品牌的私域平台，重点是为了复购，提升客户价值，降低二次获客的成本。

超级单品不仅是产品，更是服务和体验。超级单品要卖好，需要积累更多用户提升复购，要延续品牌的增长，要让用户购买的时候第一时间想起来自己，要用户伸手就可以买得到，就一定要全域经营。

全域经营是打造超级单品的无敌舰队，也是超级单品成功的航空母舰。超级单品就是在电商布局之下，通过全域经营获得成功，做到高效、有效地落地。

3. 如何做好全域经营？

全域经营分两个方面去运营。

一方面，品牌要实现电商流量平台内部的全域经营。也就是要在流量平台内部学会从线上到线下，从平台内自己的店铺小私域出发，去整合平台线上线下、站内站外的生态资源，实现价值最大化。

如淘宝的经营就要有大淘宝的概念，有手机淘宝的引流，也有天猫的促成交和服务，更有淘宝直播的促转化，还有淘宝外部的优酷、微博等站外传播，以及百度、饿了么、淘票票的本地化服务。这些都是优质资源，需要去整合。

超级单品的打造，目前有的六大电商流量平台，我们需要去重点全域经营，它们分别为淘宝天猫、大京东、拼多多、抖音、快手和微信生态，

另一方面，品牌要实现线上到线下、公域到私域资源整合的全域经营。品牌全域经营，就是品牌从六大电商流量平台，以及小红书、B站等核心内容流量平台，导流到品牌自有私域平台或者线下店铺，线下店铺实现数字化、电商化经营，最终形成品牌的全域经营体系。

虽然六大电商流量平台的整体发展速度放慢，但还在有效地增长，也是线上交易的核心渠道和方式，更是品牌销售的主要销量来源。

电商流量平台引领商家科学经营迈入全域经营深水区。2023年"内容＋货架"成为电商流量平台新增长的趋势，如抖音2022年度货架电商实现3位数的增长。

下面我们逐一来分析核心流量电商平台（淘宝天猫、大京东、拼多多、抖音、快手、微信生态）以及直播电商全域经营的重点思路。

淘宝天猫，还是电商的半壁江山

淘宝天猫，现已合并为淘天集团。这是电商销售的半壁江山，对超级单品销售的重要性不言自明（图4-2）。

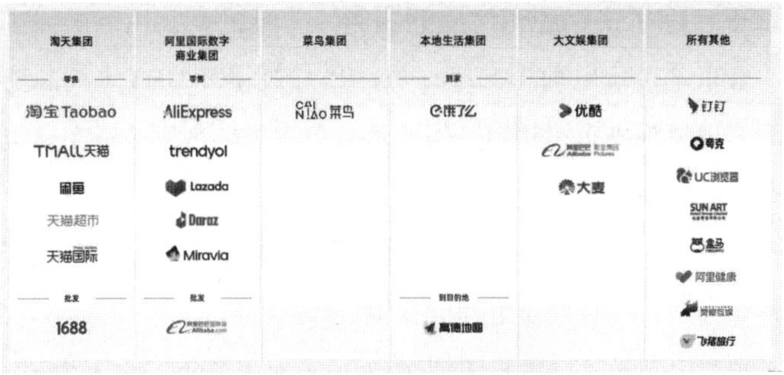

图 4-2　淘天集团资源体系

数据来源：阿里官网

淘宝天猫的经营，一定是大淘宝概念，也就是要整合阿里巴巴集团旗下所有的资源体系，为超级单品销售所用。

大而全的阿里巴巴，在生态和品牌心智方面，都领先其他竞争对手，品牌和商品运营能力的积淀具有优势，此外其长尾品类商品能满足不同客户的需求。

阿里巴巴广泛的业务扩张和互联网基础设施的建设，给品牌带来电商经营的基础工具，以及大量的新增用户体量，能满足客户不同维度的需求。阿里巴巴可以利用这些进行广泛的数据挖掘，产生协同效应。

阿里云、菜鸟物流、支付宝、飞猪、饿了么、高德、微博，这些资源都可以以天猫店铺为核心，向外拓展，做到从站内到站外，从线上到线下的全域经营。

此外还有，海外电商 Lazada、全球速卖通（AliExpress）、阿里国际站等海外拓展资源和板块。

大京东，除了快，还有优质的服务

京东是传统电商第二级，虽然用户规模和 GMV（商品交易总额）规模跟拼多多相当，但两者有着本质的区别。京东聚集了大批的电商高端用户人群，流量虽然不多，但都是优质高价值客户——稳定、客单价高。尤其自营平台用户，基本是高品质客户或企业客户，一直处于电商的顶端。

2022 年京东的 GMV 约为 3.47 万亿元，全年净收入为 10462 亿元，同比增长 9.9%。其中，电子产品与家用电器商品收入达 5159.45 亿元，是京东核心护城河业务。

大京东之下，有京东多端业务、京东商城、京东 POP、微信购物、京东到家、京东之家等。

京东与其他电商最大的不同就是京东自营占到京东整体销售的 80%，京东自营是京东最大的优势。京东与供应商签订的是采购经营合同，供应商发货到京东仓库后，货品的权属就已经属于京东了，然后再借助京东平台卖出去。京东通过自营业务已经帮助用户筛选了高品质商品，自营也是品质和服务的保障，不管是配送速度，还是退换货体验，都是所有电商中最好的。

京东流量的构成主要有搜索、付费推广、类目、活动、老客户复购等。

京东的成功就是自营运营的成功，同时要通过自营采销，协同多方资源，尤其是从线上京东商城到线下京东之家的业务拓展。

京东自营的成功关键就是京东采销的关系以及算账。京东的采销有很大的自主权，核心的 KPI 是销售额和综合毛利润。算账和结算，是京东运营的基本功，包括零售价、活动价、供货价、毛利保证等。每次做活动都要把账目算清楚，尤其是大促活动的时候。

拼多多，城镇小青年的最爱

拼多多是用户势能强大的低价生态电商平台，拥有庞大的用户群体和丰富的产品品类，2023 年有近 9 亿的用户规模、近 3 万亿元的 GMV。

拼多多以供应链、用户、营销、商品的差异化竞争，在下沉市场快速发展，成为国内以用户计的第二大综合电商平台和最大的农产品交易平台。

拼多多主要解决以性价比为主的低价需求，在下沉市场具有优势。在供应链货物选品方面，拼多多积极吸纳白牌商家，在有了性价比的用户心智之后，品牌厂商也开始通过小规格的商品积极和拼多多合作，注重性价比的用户在拼多多平台有较高的黏性。过往拼多多在微信平台通过分享内容裂变的方式，在下沉市场取得了较大优势。

拼多多属于传统电商的社交电商平台，更像是农村赶大集的商品和需求实现的电商化发展。被淘系清洗的白牌商家的产品，廉价产品过剩的产能产品与农村市场未被满足的低价需求完美匹配，形成拼多多低价生态电商，拼多多上单款产品的销售可以远远大于淘宝上的销量。

做好拼多多的经营，首先要理解拼多多的流量分配原理，由于商家和用户能力所限，拼多多所有操作都极其简单。

拼多多的流量分配，是让市场去做选择，就好比滚雪球，当一个产品上架销售之后，平台会给予自然流量的支持。要是自然流量能驱动产品销量良好，平台会自动匹配产品进入下一个更大的流量池，进一步去促销。大流量还能继续推动销量增长，平台会继续将产品放到更大的流量池，依次推动（图4-3）。

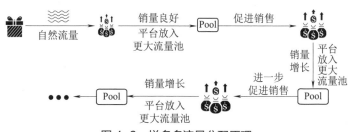

图 4-3　拼多多流量分配原理

要实现产品在流量池之间的升级，做好以下5个方面的工作就可以：

- 精准定位目标用户：拼多多用户以城镇小青年和注重性价比的消费者为主。
- 提供高性价比的商品：拼多多用户更加注重性价比，而不是绝对的低价，优良的商品质量和价格是其选择的关键因素。
- 选择多款产品进行推广：建议推广一个主款和两个辅助款。
- 多做活动引流：促销和活动是获取用户和提高店铺转化率的重要手段。通过拼团、砍价、限时折扣等各种活动形式，吸引用户并增加销量。活动要足够简单。
- 优化标题和主图等基础运营：细节运营是在拼多多平台成功的关键。

抖音电商，给大家一次新机会

抖音电商通过短视频、直播、商城、搜索等多场域协同，让用户发现并获得商品、服务等。相比较其他电商平台，抖音电商给用户提供了更个性化、更生动、更高效的消费体验。

抖音电商规模在国内排名第四，在抖音电商，用户形成了深度的消费习惯。

2023 年抖音电商平台 GMV 增幅超 80%。其中，商城 GMV 同比增长 277%，电商搜索 GMV 同比增长 159%，货架场景 GMV 在平台 GMV 占比超 30%。抖音电商直播日均观看量超 29 亿次，电商意图日均搜索超 4 亿次，平台全年售出商品超 300 亿件。

抖音电商的销售模式是"货找人"与"人找货"双链路的新数字场景。这两种场景产生了内容和商品两个销售增长引擎。它覆盖了"货找人"和"人找货"全链路，并将两者高度融合，是全域兴趣电商发展应运而生的产物。这种全新的增长模式叫作"全域增长飞轮"（图 4-4）。

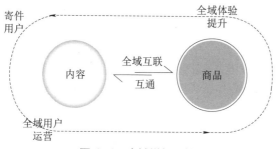

图 4-4　全域增长飞轮

内容引擎，由全域内容支撑，包括直播、短视频、图文等。商品引擎，由全域商品支撑，包括内容场景和货架场景的全域内容载体下的商品。通过两大引擎的布局完善，品牌能够在抖音电商打好经营基础，为增长蓄力（图4-5）。

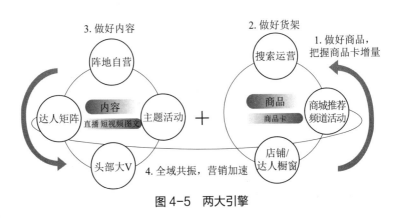

图 4-5　两大引擎

在全域增长飞轮驱动下，基于产品和内容，抖音电商可以通过做好产品、做好内容、做好货架、做好全域营销四种方式实现销售及增长。

1. 做好产品

产品是一切的基础，通过丰富的产品、有竞争力的价格、优质的产品服务和体验，持续地提供优价好物，是商家生意健康发展的基石。

不管什么平台、什么算法、什么模式，产品都是一切的基础，超级单品就是要做这样的产品。不管是内容电商还是货架电商，好的产品都能获取不同场景的推荐和结果呈现，这也是抖音算法的核心，也可以不用去深入研究算法，重要的是做好的产品，抖音的算法都会自动匹配流量。

好的产品，就意味着更多的流量获取机会。产品质量决定了店铺评分、用户口碑、复购频率，帮助店铺长效经营。超级单品，是"尖货"爆款，有更高的点击及转化效率，能提升直播间对流量的变现能力，并能进一步撬动更大的自然流量分发，实现销售增长。

如何确定什么样的是抖音电商的好产品呢？有以下三个指标：

- 产品丰富度：商品足够丰富，有选择空间。
- 产品价格力：在价格上产品要有竞争力，人人都喜欢高性价比。
- 产品体验好：优质的产品与服务体验同等重要，是用户购买、商家生意增长的基石。

2. 做好内容

直播、短视频内容运营是抖音电商经营的基本盘，稳定产出好内容、好产品、好服务的自营直播、短视频内容，依据用户反馈的数据表现，优化人物、产品、场景等内容元素，能够不断为商家的增长蓄力。

那我们如何确定怎样才是抖音电商的好内容呢？有以下三个指标：

- 直播运营：直播间是引导互动、成单的高效场景。

- 短视频运营：短视频可以承接商家种草、引流直播 / 店铺、直接转化等多种意图。
- 短直联动：通过直播高光切片、商品卖点 / 品牌展示、剧情引入等视频内容，引导用户进入同账号的直播间进行产品成交。

3. 做好货架

抖音商城货架运营主要包含超值购和秒杀两个频道，参与这些频道活动能够使品牌借助平台补贴提升其商品的价格竞争力，产品打标之后能够提升用户心智认知，帮助产品实现冷启动，助力品牌在货架场景实现爆发。

如何确定什么是抖音电商的好货架呢？有以下三个指标：

- 商品报名：积极参与平台提供的各种活动。
- 商品优化：持续优化商品信息（头图、标题、详情页），且保持产品稳定在架状态。
- 全域引流：通过多渠道联动，将流量集中引导至频道活动页，放大活动效果。

4. 做好全域营销

抖音电商升级营销活动矩阵，覆盖平台大促 / 主题活动、营销 IP、行业 / 产业带活动等，服务不同生意场景需求，处于不同经营阶段的商家都可尝试参与到丰富的营销玩法中，加速生意爆发。

确定抖音电商的好货架，有以下四个指标：

- 全年营销规划前置。
- 主题共创和玩法耦合。
- 前置活动货品规划。
- 站外品宣和全域种草。

快手电商，每一种人生的烟火气

快手电商定义为信任电商，通过建立主播与粉丝、商家与用户之间的信任关系，缩短用户消费的决策时间，提升交易达成效率，形成高复购与推荐购买行为。

2023 年度，快手电商 GMV 突破万亿规模，月活达到 6 亿以上，是一个有效增长的电商平台。快手电商的增长得益于银发人群（51 岁及以上）加速"触网"，以及下沉市场（三线及以下城市）的触网。整体用户画像方面，包括年轻用户、中年人群、银发人群，如"海纳百川"般地包容着"每一种人生"的人间烟火气。

2023 年快手电商生态持续繁荣。一方面，快手提出全域经营的战略方向，协助品牌以店铺经营为核心，平台以"短视频 + 直播"为核心的内容场域，以"搜索 + 商城"为核心的货架场域，也就是"内容 + 产品"的双驱模式。

要经营好快手电商，保持持续有效增长，快手电商有三大经营指标，分别为低价好物、优质内容、贴心服务。通过三大经营指标，快手电商和品牌共建信任电商，做好三大经营风向标，就可以获得更多流量，获得确定性增长。

为了更好让经营者明晰经营行为，快手将三大经营风向标量化为三大指标体系，并与流量挂钩。三大指标体系具体为：商品分、店铺体验分、带货口碑分（达人分）。如图4-6所示。

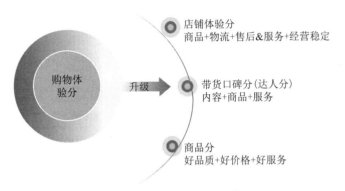

图 4-6　快手电商三大指标体系

1．商品分

商品分，是评价经营者商品运营能力的重要评价指标，快手会基于热度值、品质、服务、品牌、价格等，综合判断商品等级，商品等级越高获得的流量越多。商品分也是快手对"好物"的刻画。

2．店铺体验分

店铺体验分是反馈商家服务能力和经营积极性的综合指标，主要由商品品质、物流速度、服务能力、经营稳定性等维度构成。店铺分越高，平台给予的权益支持越多。店铺分也会展示给消费者，为消费者下单决策提供重要参考信息，降低消费者决策成本。

3．带货口碑分（达人分）

带货口碑分，也叫达人分，平台将基于达人分享商品的内容口碑、商品口碑、服务口碑等多维度数据综合计算并给出得分，主要反映达人给消费者带来的综合购物体验。

微信生态，私域经营的核心阵地

什么是微信生态？

微信作为国民社交软件，注册用户量已超过 13 亿，微信链接一切，成为生活必不可少的工具。微信生态闭环已经形成，由朋友圈、公众号、视频号、搜一搜、小程序、企业微信、微信小店等构成。

微信群、公众号、视频号、直播和微信小程序之间已经建立互通，实现了商业转化链。微信生态是品牌更好地经营私域用户的工具。微信生态体系也包含公域和私域（图 4-7）。

微信生态的流量可以理解为：流量 = 用户 × 场景 × 使用时长，可以看出微信这个流量池是巨大的。微信又是线上线下沟通的连接器。微信生态内不仅可以完成网上交易，还可以通过数字化工具将用户导流到线下场景。

整个微信生态可以分为公域、私域和基础设施三大类资源体系。

公域主要有内容触点、广告生态和搜索分发三类，私域主要是基于个人微信的"一般私域"和基于企业微信的"超级私域"，基础设施则包括支付、购物、生活缴费、公共服务等场景。

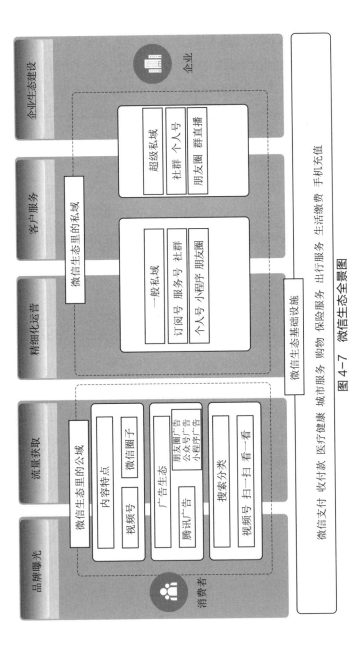

图4-7 微信生态全景图

　　微信生态内的运营链路分为品牌曝光、流量获取、精细化运营、客户服务和企业生态建设 5 个关键环节，各环节对微信生态资源的利用和运营重点均有所不同。

- 品牌曝光："公域渠道"对企业品牌、产品或服务进行曝光。
- 流量获取：依托于微信生态中的"公域渠道"，作为品宣和推广。
- 精细化运营：将微信的公域流量引入企业的私域，运营用户、内容、活动等。
- 客户服务：为用户提供能满足其需求的服务或产品，也就是"变现"。
- 企业生态建设：基于微信生态，搭建企业的微信全域运营。

直播，陪伴用户的好工具

　　直播，是互联网时代伟大的发明。播的是快乐，也是机会。直播真正的意义，就是让大家都快乐。

　　直播，是内容也是工具，即使不带货，直播也是更好地服务客户、陪伴客户的好工具。

　　现在，直播已经成为人人都必须掌握的工具，是一种通用技能。

　　直播电商，以直播为内容形式，促进电商的成交和转化。目前淘宝直播、抖音直播、快手直播的 GMV 贡献最大。

　　直播已经成为电商销售的标配，降低了商品销售信息传递的成本（图 4-8）。

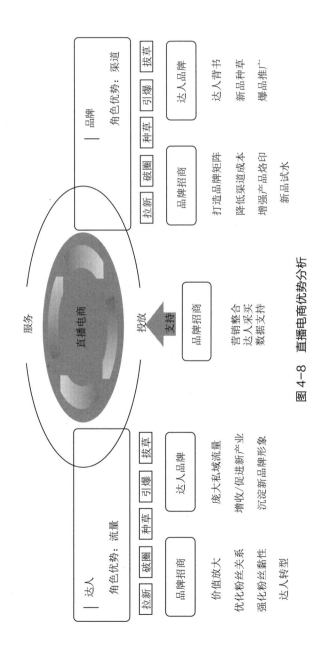

图 4-8　直播电商优势分析

双线融合：线上线下一体化，给实体门店插上数字化翅膀

实体门店，是每个地方的特色，代表着当地的传统、文化和风俗。这些特色门店以其独特的环境、商品和服务，让人们在城市中感受到不同地域的特色，也是最美的人间烟火气。

实体门店，也给大家提供了与人交流和互动的珍贵机会。人们在实体门店中不仅能够享受到商品和服务，更能够体验到当地的人文气息和人情味。这种体验是线上购物无法取代的。

实体门店不仅是一个门店，还肩负着传承和发扬地方文化的重任，所以，实体门店不能倒。

实体门店应该抓住时代趋势，积极求变，积极改变，拥抱变化，让数字技术为我所用，提升经营效率，在数字化洪流中，保持自己的特色和优势。

实体门店，也能做出超级单品

实体门店，可不可以做超级单品呢？

我们来看看俏江南曾经是如何打造超级单品的。

俏江南是一个资深川菜美学品牌。都说食在广州、味在四川，泼就一身烟火气，纵身人间，不用去川渝，只需在俏江南。毛血旺，是川菜的典范，也是俏江南的翘楚。

毛血旺在普通川菜馆售价也就几十元，但在俏江南泉州万达店却卖到了 298 元，是桌桌必点、人人必吃的超级菜品，吃完之后大家还要发个朋友圈晒一晒，形成了很好的口碑传播。那俏江

南是如何做到的呢？它只用了三道程序，就将仪式感、参与感和氛围感拉得满满的。

（1）仪式感。毛血旺的制作被放到餐桌前，在轻柔的音乐中，由大厨亲手烹饪。旁边配以高颜值服务员朗诵诗词歌赋，美食、美人、美味触目可见。

（2）参与感。飘着辣香即将出锅的毛血旺，需要请餐桌最重要的三位客人，给菜品出锅点睛。第一位客人放入蒜末，即"一点睛"，叫"大吉大利"。第二位客人放入葱末，即"二点睛"，叫"财源广进"。第三位客人放入香菜末，即"三点睛"，叫"鹏程万里"。

（3）氛围感。带着诗词味的毛血旺终于上桌了，品尝美味，心情舒畅。此时，干吃饭略显单调，配一段清新优雅的京剧，以声绘情、以情带声，毛血旺也吃得有情有味。情，是情趣；味，是辣味；京剧的柔，毛血旺的刚辣，刚柔相济，雅俗共赏，恰到好处。

此刻，每个人都会自觉拿出手机拍照，发朋友圈，晒图，讨论这道菜。这时候还会觉得298元的毛血旺贵吗？肯定性价比超值了。俏江南也将超级单品的好看、好用、好玩、好晒发挥到了极致。

实体门店也是可以做超级单品的，且必须做超级单品。

当然，实体门店不仅指餐馆，还有很多实体门店都需要通过超级单品赋能，不仅是做出超级单品，还要把超级单品的经营策略用到实体店，进一步扩大超级单品服务用户的区域。

数字化让实体门店插上翅膀

实体门店发展的趋势在哪里？可不可以通过线上获客呢？实

体门店的数字化到底如何来做？

这就涉及实体门店数字化转型、数字化经营。在实体门店数字化方面，很多人已经走过太多的误区，要么效果不明显，要么花了一堆冤枉钱，买一堆软件，不是不好用就是不知道怎么用。

互联网的核心是效率，数字化的本质是链接，实体门店需要考虑的是，如何通过数字化手段帮助门店提升经营效率，尤其是链接客户的效率。实用、有效、会用才是关键。

核心解决方案就是"两体三层"的解决方案。"两体"指一个实体门店要有两个经营体，一个实体，一个数字体，也就是实体门店和数字门店。

实体店 = 数字店铺 + 实体店铺

"三层"，就是实体门店要有以用户为核心的"三层楼"经营结构，如图 4-9 所示。"三楼"是以拉新为目标的线上电商门店，"二楼"是以转化为目标的线下实体门店，"一楼"是以复购为目标的数字化门店。

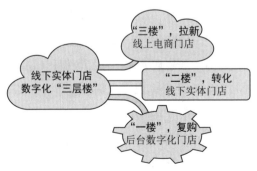

图 4-9　实体门店数字化"三层楼"经营结构

实体门店和数字门店融合，实现线上线下的无缝衔接，为用户提供便捷、高效的购物体验。如瑞幸咖啡大部分订单都是通过线上数字化门店获取。

数字门店也可以根据消费者的偏好和需求，提供个性化的产品和服务，提升消费者满意度。

双线融合才是实体店经营的生存之道

双线融合，就是线上数字门店和线下实体店相融合发展，互相赋能，做到线上线下全域用户经营，线上线下一盘货经营，即线上线下一群人，线上线下一盘货。

线下实体门店是体验，线上数字门店是流量，两手都要硬。

线上平台布局线下渠道的速度也在提速，下沉市场的竞争异常激烈。线下是体验，是氛围，是场景，是人情，是生活，是休闲娱乐。而线上是效率，是便捷，在超级单品服务用户的过程中，各有优劣，融合才能实现互补，为用户提供更加优质的消费体验。

如京东的线下电器城，2023 年度"双 11"的消费氛围，不亚于线上"双 11"。2023 年度"双 11"当天，位于河南岸国商大厦的京东电器城市旗舰店开业，其经营面积超过 1 万平方米，TCL、海信、联想等 3C 家电以及家居、卫浴等产品一体，手机一键扫码可实现与京东线上同步，同价、同质、同服务。除了在线下丰富"双 11"的消费氛围，线下商超也加快了拥抱线上的脚步。通过小程序、抖音、美团、小红书等多渠道联动推出购物优惠卡等，实现为线下引流聚客。

数字零售，是零售业的基础设施

传统零售已死，新零售也已阵亡，数字零售才开始，无界零售才是未来。

国美、苏宁、家乐福都在 2023 年相继淡出人们的视线。国美黄光裕回归，推出真快乐 App，但也没有让大家都快乐起来。一个时代的结束，谁也挡不住。传统零售算是寿终正寝。而 2016 年马云提出的从线上到线下的新零售，也不灵了。

数字零售，是真正意义上的电商新进化，是线上与线下、实体门店与数字门店融合的发展，是零售业的基础设施。

无界零售，有大未来

随着线上线下融合的不断深入，未来数字化门店将打破线上线下界限，实现无界零售。用户可以在任何时间、任何地点进行购物，数字化门店将成为用户生活的一部分。

如点一杯奶茶可以通过手机上的美团 App，可以通过智能汽车的机器人，可以通过电视的人工智能程序，也可以通过冰箱的大屏幕，而小米、华为、联通、移动、美的等大企业正在打造的生活场景，也是无界零售的组成部分。

到底什么是数字零售，有什么价值

数字零售，其本质就是将数字化技术和工具赋能到零售商业中，而不是获取流量和转化流量的延续。核心本质还是商业，是产品和服务有价值的交换，核心就是给用户提供价值。只有这样才能理解数字零售的时代价值。

数字零售不是一堆的服务软件系统，而是经营理念。需要做的是，找到与这样一个时代相契合的发展模式和方法，并以此开启新的发展，找到新的发展可能性。

数字零售要全域用户经营，全渠道一群人、一盘货、一种体验。从线上到线下，线下反哺线上；从公域到私域，私域提供更好的价值和体验。

数字零售，是企业积累数字资产的核心方式

数字零售，要做到全域用户经营、全域体验，来提升销售增长。用户运营的核心目标是积累全域用户资产，实现用户的不断增长，而体验的核心依托是好商品供给和优质履约服务。

数字资产，就是数字石油。

五力增长：品牌持续增长的五个核心驱动力

增长压倒一切，品牌的增长才是发展的关键。

电商一直都在高增长，但增长的速度已放缓，已经从之前靠营销、靠品牌、靠产品、靠价格、靠促销等能力增长的时代，转向综合经营能力竞争的时代，也就是变革的时代。

那什么是经营力呢？

"经营之圣"稻盛和夫在《经营力》一书中很早就提到过，经营力就是经营者必须具备的三种关键力量。一种是"自力"，是企业高管必须具备的力量。第二种是"他力"，是企业家要善于借助"他力"，如选得力干将。第三种也是"他力"，但这种

"他力"与上面所说的"他力"不同，不是他人之力，而是伟大的宇宙之力、自然之力。这三种力量的核心是以"人心"为本。

正因为有以"人心"为本的三种经营力认知，才使得稻盛和夫 27 岁创办京都陶瓷株式会社，52 岁创办第二电信，两家公司都进入了世界 500 强企业的行列。

保持电商增长的经营力，就是以用户为中心，以超级单品为抓手，依靠产品力、传播力、内容力、用户力、服务力驱动的超级单品销售增长，延续品牌持续性增长。让品牌在不确定性中确定性地科学增长，并通过数字化力量"让每一份经营都算数"。用"经营力"提升"确定性"，让每份回报都在"意料之中"。

这五种能力，相互促进，相互影响，叫作"新电商五力增长"，如图 4-10 所示。

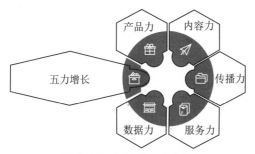

图 4-10　新电商五力增长

产品力，对用户的吸引力

产品力，就是产品经营的能力。即产品对用户的吸引力，主要从产品品质、价格、创新等层面来体现。换言之，产品力就是一种通过满足用户欲望和需求，使之产生购买欲的能力。

产品力是 1，其他的就都是 1 后面的 0。只有 1 稳定，后面的 0 越多，数就越大，经营能力也就越强。

以消费者为核心，必须重视产品源头，设计一款产品。过去，设计端和消费端呈现割裂状态，彼时数据的介入只到消费端。用商品数字化来打通商品流通各环节的数据，可以提升信息流转的及时性和准确性。

如一些美妆品牌就将用户端的预先体验拉入设计环节，这样既能更早地发现用户的偏好，也能在丰富的数据反馈下，将产品研发的周期缩短至 3~4 周，而传统美妆品牌的推新周期则耗时 8~16 个月。

产品力的构建，主要是五个方面：品牌好、高颜值、高品质、高性价比、描述清晰。

- 好品牌：品牌认知是产品认知的关键，也是产品力的源头。
- 高颜值：就是好看，是产品力的核心组成部分。
- 高品质：就是产品的核心功能做到极致。
- 高性价比：竞争的商业"圣经"，也是对用户预期的管理。
- 产品描述好：包括产品的名称、主题、详情页介绍、使用介绍、客服话术等方面，务求做到简单明了。

内容力，品牌发展的原动力

内容力，是品牌长足发展的原动力，同时也是品牌保持持续增长的强大助推器。

内容是目前获取流量最高效、最有效的方式。照各平台的算法规则，只要内容足够好，就可以匹配相应流量资源，尤其是在抖音平台。

内容力构建有五个核心因素：差异化、创新性、传播性、影响力、量要大。拥有这五种特性的独特内容便能在众多产品中脱颖而出。

- 差异化。原创、新颖、有正能量价值的内容至关重要。同质化的内容随处可见，但只有那些经过深度思考，并具备实际用途或链接价值并源自个人独立思考的内容，才能引发用户的共鸣并积极分享给他人。例如雷军自己每天都在独创内容，每天视频的内容都很认真，独一无二。

- 创新性。值得强调的是，激发创作者持续创作热情，赢得读者持续热情关注的关键在于讲述富有感染力的故事。这种形式既易于理解又便于解读。

- 传播性。不可或缺的传播性，是建立商业模型所必备的基本能力。具有社交货币属性，并且与用户的日常生活息息相关的内容，才有可能得到消费者真心实意的广泛推广。

- 影响力。本质上，"内容力"正是通过占据用户的心理认知阵地，进而巩固自身品牌的影响力，塑造出令人瞩目的行业领域地位，并且培育出用户良好的消费习惯。在实施过程中，需要发挥出"内容力"的各种独特性，甚至对其进行创新重塑。

- 量要大。内容是有时效性的，内容的目标是获取用户关注。内容失去了时效性，就不能吸引到新的用户关注，所有卖货型内容的关键就是量大。

传播力，经营的基本能力

传播力，实质就是实现有效传播的能力。数智时代的媒体的传播力，重要的不是广度，而是精度。超级单品的传播力，只传递给固定的用户。

- 传播效率：即传播的范围，人数及速度。
- 传播深度：即信息的传播深度，包括信息对每个人的影响力等。
- 二次传播：传播力更要注重二次传播的效率和影响力。
- 传播持久性：即信息的传播持久性，包括信息在人们记忆中的存留时间等。
- 传播影响力：即信息对外界产生的影响，包括对人们态度、行为、决策等的影响程度等。

数据力，做决策的瞄准镜

数据力，就是利用数据科学决策，使用数据创造价值的能力，如同军事中的定海神针一样，精准引导商业的决策进程。数据也驱动着业务往前发展，数据就是数字时代的"石油"，也是企业重要的资产。

数据力作为一种强大的分析工具，可以帮助我们深入理解行业趋势、客户行为和竞争对手动态等关键信息，从而为决策提供准确的支持。在这个信息爆炸的时代，数据力已成为决策的关键因素。

数据力，也像瞄准器一样，帮助企业了解现状，并为业务发展做出有力的决策，这些决策包括对项目的资源投放、产品开发、营销策划、风险管理、人才培养等。

数据力的构建，可以从五个方面考虑：数据获取能力，数据分析能力，数据决策能力，数据思维，以及数据组织。

- 数据获取能力：就是获取数据的方式和方法，第二章中已经讲过。
- 数据分析能力：数据建模、数据可视化等能力，第二章中已经讲过。
- 数据决策能力：依靠数据分析问题、解决问题，每一次经营过程中都要算数。
- 数据思维能力：从数据视角去思考问题、解决问题、发现问题，没有数据不决策，把数据当作企业的核心竞争力。
- 数据组织能力：就是能够建立数据化组织，形成决策链条、数据目标、数据技术积累等。

服务力，企业第一竞争力

服务力，是企业第一竞争力，是企业综合实力的体现。通过服务力可以很好地优化营商环境，淘汰竞争对手。

服务不是单纯地承诺，而是创造性地承诺，是用心和用创意带给顾客超值的体验。服务力，不要只挂在嘴边，而是要落实到行动中。服务力更是专业，没有专业的服务，还不如不服务，是浪费客户的时间。

服务力的提升，可以从五个方面出发：有态度，有速度，有专业，有履约，有惊喜。

- 有态度：实际上依托于企业深厚的文化底蕴和强大的综合实力作为支撑。
- 有速度：就是处理客户问题时，能够迅速且恰当，而非被动地回答。
- 有专业：服务就是专业，不能一问三不知，一问错三回。确保服务人员具有扎实的专业知识，任何情况下都能做到对答如流，而非三言两语或是频繁出错。
- 有履约：说到要做到，要始终严格履行与客户之间的约定承诺，展示出良好的职业道德和规范。
- 有惊喜：就是客户预期管理，提供给客户意想不到的惊喜体验，以增强他们对我们的服务好感度，还需要持续跟进用户反馈，对效果进行评估，不断优化和改进服务方案，从而让客户的满意度得到持续提升。总的来说，有惊喜，是一种以用户为中心，以提升用户体验为目标的服务方式，它能够为企业带来巨大的品牌效益。

增长是存量市场的核心命题，从增长的本质出发，需要产品力、内容力、传播力、数据力、服务力五力聚合，相互促进，才能实现稳步增长，也是精细化运营的关键所在（表4-3）。

表 4-3　五力增长核心要素

增长五力	五力要素
产品力	品牌好
	高颜值
	高品质
	高性价比
	描述清晰
内容力	差异化
	创新性
	传播性
	影响力
	量要大
传播力	传播效率
	传播深度
	二次传播
	持久性
	影响力
数据力	数据获取
	数据分析
	数据决策
	数据思维
	数据组织
服务力	有态度
	有速度
	有专业
	有履约
	有惊喜

第 5 章

借力营销

借力营销，就是借力造势，内容为王，纵观全域，开局即终局，一战定胜负。

在前文重构电商部分，我们研究清楚了各销售场景渠道的属性及经营策略。接下来，要让更多用户知道超级单品和品牌，我们就需要去营销，加速由种子用户到核心用户、由核心用户到大众用户的扩散。

营销再也不能只是投放个电视广告、租几个机场或街边广告牌、电梯里的框架，也不再只是做做自媒体、发篇公关稿、拍几个短视频、搞个直播就可以了。当然，如果现在还在做竞价广告，更是得不偿失。

我们需要借力营销。借力营销，就是借力造势，内容为王，纵观全域，开局即终局，一战定胜负。

美国著名市场营销大师菲利普·科特勒，针对现代世界经济迈向区域化和全球化，企业之间的竞争范围早已超越本乡本土，形成了无国界竞争的态势，提出了"大市场营销"的观点。

借力营销，就要靠借力给自己造势，积累势能，释放能量。只有借力营销，才有大声量，大声量才能带来大销量。

借力营销，也要内容为王。好的内容就是话题，就是关注，就是流量。内容时代，随着平台算法的发展，算法会自动给好的内容匹配流量。

借力营销，也要营销全域。即用户的生活场景在哪里，营销就要做到哪里，全洞察、全渠道、全触点、全链路。数字化、智能化的发展，给营销带来了可用的方法和工具。

借力营销，还要积累品牌数字资产，建设数字化品牌。品牌的打造，再也不是一个过程，而是一个复利的结果，靠产品带品牌，靠用户带品牌，靠内容带品牌，靠复购带动品牌发展。

借力造势：一倍努力，十倍收益

无势之时，借力造势！

借力造势，就是要善于借助外力，造就大趋势，达到营销的目的。在这方面，刘邦可以说是个中高手。刘邦之所以能建立西汉王朝，就是借助了萧何、韩信、张良等人的力量，成就了霸业。

营销也是这样，按部就班地做营销，小打小闹可以，但只能是自娱自乐。要打造成为行业品类冠军的超级单品，就必须学会借力造势。

借力造势，可以从三个方面去考虑：借力发力、蓄势爆发、借势造势。借力、蓄势和借势是一种破局的黄金思维。

借力发力，才能乘风而起

何谓借力发力呢？就是借他人之力，合力出击，收到 1+1>2 的效果。

借他人之力，就是巧借名人、社会热点、自然事件等轰动性的新闻或影响力较大的事件，抓取其中一个合适的点嫁接到自己推广的产品或品牌当中，以此增强产品或品牌的影响力。跨界营销，就是这个逻辑。

我们可以看看瑞幸咖啡如何与茅台互相借力，让瑞幸酱香咖啡一夜爆红，日销过亿。

茅台最大的困惑就是，其用户以中老年为主，随着这些用户人群老去，现在喝咖啡长大的年轻人，未来是否会喝茅台，是否还想得起喝茅台。年轻人喜欢果酒，喜欢微醺，注重口感，注重养生，注重整体体验，并不在乎喝的是不是茅台。这就是茅台面临的最大的不确定性。

要在不确定性中找寻确定性发展，茅台的策略就是去链接年轻用户人群，培养年轻用户人群的茅台心智。

茅台起初做了茅台冰激凌，但发现效果不是很明显。冰激凌的消费群体大多是青年女性，而白酒用户以男性为主，其中存在错位，以茅台之力，并不能打动更多年轻用户人群。

喝着咖啡成长的新一代年轻人是瑞幸的核心客户，也是茅台的目标。瑞幸有着线上到线下、公域到私域的全域触达年轻用户人群的渠道，也有着打造超级单品的经验。

在酱香咖啡之前，瑞幸就有着生椰拿铁的成功经验。2020年 8 月，喜茶推出"生椰打打"系列，椰子成为奶茶界的一股新鲜势力。2021 年 4 月，瑞幸推出生椰拿铁饮品，这款产品在短短 8 个月时间内为瑞幸咖啡贡献 12.6 亿元，仅这一单品全年销售量超 7000 万杯。

瑞幸咖啡凭借生椰拿铁爆火出圈，到 2022 年 4 月，也就是瑞幸推出生椰拿铁一年后，瑞幸官方数据显示，生椰拿铁单品销量突破 1 亿杯。这款"爆品"不仅让瑞幸走出"财务造假"低谷，还赶超了星巴克。

茅台也是看中瑞幸的这些优势，双方一拍即合，推出了酱香拿铁咖啡。茅台的梦想是年轻人未来能白天用咖啡续命，晚上用茅台社交。瑞幸和茅台的预期，不止于此。瑞幸寄希望于新产品、新营销，帮其"抗敌"并加速扩张。茅台则欲更快深入年轻市场，增强品牌势能。

瑞幸酱香咖啡，一经推出，即横扫各大社交平台，掀起热销风暴，首日销量高达 542 万杯，单日销售额超过 1 亿元，刷新了瑞幸单品销售纪录。

瑞幸酱香咖啡的成功，对瑞幸来讲，就是借茅台之大力，发自己优势之小力，合力出击，一战闻名。

借力发力，就是两个品牌合起来营销，取长补短，各自发挥优势，收到 1+1>2 的效果。懂得"借力发力"，才能以大博小，成功才会变得毫不费力。

要做到借力发力，必须遵循"借风而行，乘风而上"的原则，这样才能轻松巧借力。

蓄势爆发，一招惊天动地

蓄势爆发，就是积蓄力量，等待时机，一飞冲天，一招制敌，惊天动地。

蓄势待发才能更好地爆发，成功来自长期的积累和瞬间的爆发。

打过拳击的人都明白，出拳的时候，一定先要先收拳再打出去，这样出拳才更有力量，收拳就是一个蓄力的动作。我们先来看看华为问界的成功，是如何做到一步步蓄势的。

华为到底造不造车，这个话题在华为没有收购问界品牌之前，一直都是一个悬念。问界的销售，一直也不愠不火，即使摆在华为的专卖店里销售，但相较于造车新势力蔚来、理想、小鹏的销售，差距还是非常大。

问界需要找到出路，就是卖身，把自己卖给老大哥华为。

造不造车，华为一直在网上都是含糊其词，遮遮掩掩，但是整个互联网行业和家电行业都在以软件或硬件模式参与造车，如小米、创维、海尔等。

华为造车之心，路人皆知，时机和时间都不重要，重点是在激烈竞争的智能汽车市场如何破局，这件事很关键。破局成功，华为汽车就成功了，破局失败，或许再无翻盘机会。

华为的选择就是问界这个棋子，先蓄势，找准时机再爆发，我们来看华为是如何一步步实现的。

华为蓄势第一步，在 2020 年 3 月 31 日的华为年报会议上，华为轮值董事长徐直军表示：有些部门和合作伙伴滥用华为品牌。在任总新发布的最新文件里，华为明确要求，严禁华为品牌出现在汽车品牌前面，或作为汽车品牌。"任正非发文重申华为不造车"登上了热搜。

华为蓄势第二步，2020 年 3 月 31 日晚，余承东在 2020 年任正非发布明确华为不造车的帖子里留言："这个时代变了，这只会让我们更加艰难！若干年后，大家都会看明白的！留给时间去检验吧！"每一个感叹号，似乎都在诉说余承东的无奈。这样，华为内部在"造车"这件事上存在路线之争的话题就形成了。这种争议类话题，最容易引起传播。

华为蓄势第三步，2020 年 4 月 1 日问界门店已经开始拆除所有有"华为"相关字样的宣传物料，该决定是由余承东亲自下达的。不仅是华为相关的物料撤出，销售在宣传问界的时候也不能提华为了，也不叫 AITO，只能叫问界，但车没有变，看来变化只在营销端。

三步操作之后，华为不造车、余承东不满、问界不再属于华为等话题变得热闹非凡。蓄势开始，已经热议高涨。

这场蓄势即便进入 6 月，华为"不造车"决议的余波仍在继续。

2023 年 6 月 9 日，2023 中国汽车重庆论坛上，奇瑞汽车董事长尹同跃表示，奇瑞与华为合作的项目将在 2023 年第四季度发布。

紧接着，6 月 12 日前后，《科创板日报》发布消息，共计有221 个"问界"商标转让华为。华为拿下问界商标，赢得一场蓄谋已久的"胜利"。

这样，华为不造车的悬念破除，原来华为造车，大家都恍然大悟。舆论进一步加热，大家眼巴巴地等着华为到底造个什么样的车。

很快，9 月 25 日华为秋季全场景新品发布会上，在刘德华的加持下，华为问界 M9 和智界 S7 一起发布。至此，这场蓄势营销终于全部揭开了面纱。

正是因为有着一系列的蓄势过程，M9 一经推出，就引起大量关注，2023 年自 9 月 12 日到 10 月 6 日的短短 25 天内，问界的日均新增大定数接近 2000 台，累计预定超 5 万辆，余承东也宣布问界起死回生。

问界的爆发式销售，就是华为操作的一步步蓄势营销。正因为蓄势爆发，问界才可以起死回生。

蓄势爆发，需要全局规划，谋定而后动，按照互联网传播的规律，抓住人们猎奇的心理，制造悬疑、矛盾等话题，步步紧逼地去设置热点传播内容，引起关注，等能量积累到一定程度，猛然释放。不动则已，一动惊天动地。

借势造势，才能逆风而立

借势造势，就是借助别人之势，以谋制胜，谋己之势，才能在竞争中立于不败。《孙子兵法》中有"无势之时借势造势，无能之时躬身入局"，讲的就是这个道理。

商业竞争，从来都不是顺风顺水，而是大浪淘沙，孤军奋战、单打独斗难成气候。但凡有所成就的商界精英，都是借势造势的高手。

如俞敏洪团队从讲台到直播间"破圈"成功，就是借势造势。新东方遇到困境的时候，俞敏洪抓住直播的大势，也抓住抖音的直播江湖地位，带领团队躬身入局抖音。依靠团队群体的力量、坚定的信心，俞敏洪团队把不喜欢变成喜欢，很快翻身，还打造了像董宇辉这样的网红主播。

电商行业里的"双 11""618"价格战都是借势造势，还有各种热点事件背后的蹭热度、蹭流量都是借势造势。但是，借势造势具有两面性，借好了，势势生威，借不好，很容易出问题。

如刘润 2023 年 10 月 28 日"进化的力量·刘润年度演讲"，本来想在第二个主题"增长收敛"中，借品牌折扣 MAMA 的相关数据，说明不是所有的赛道都增长很难。因为数据不严谨，借势失败，致使刘润遭遇了年度最大的信任危机。事件爆发之后，细观刘润，也是借势高手。刘润将自己定义为中国最贵的咨询师，6 小时线下课收费 60 万元，刘润就是借这个势，造自己身价的势。

借势造势，也是互联网营销最常用、最好用的核心策略之一。

例如，当一个热点出来的时候，借热点造势的文章，往往会在短时间内铺天盖地地出现。如何在海量的营销文案当中脱颖而出呢？最有效和高效的方式，就是要"借势"变"造势"，在原有的基础上，挖掘素材、造出有自己独特角度的文案。

做好借势造势，可以从以下三个方面出发去思考。

1. 可以借势造事件

用具有新闻价值、社会影响及名人效应的人或事，吸引用户的兴趣与关注，贴上去，打造属于自己的事件，做二次传播或者营销。

借势造事件的底层逻辑可以提炼成 20 个字：跟踪热点，建立关联，制造话题，一波三折，触发共情。

借势造事件，就像好莱坞大片一样，要一波三折，跌宕起伏，才能持续让热点发酵。

通常一个热点事件在网络的存续时间就是 1~2 天，而借势造事件要学会一波三折，持续引发关注，才能做到 4~5 天的热度。

2. 可以借势造活动

借势造活动非常简单，借助热点，打造营销活动，这样的案例就太多了，几乎所有的电商促销都是如此。

例如三八妇女节，电商借势推出"女王节"（天猫）、"蝴蝶节"（京东）促销活动。每年 4 月 6 日是小米"粉丝节"，小米也乘机推出"米粉节"大促活动。京东在成立之日 6 月 18 日，推出"618"年中大促，已经成为电商大促核心节日。11 月 11 日本来是什么节都没有，但因为由 4 个 1 组成，就变成"光棍节"，天猫就推出了"双 11"大促活动。

3. 可以借势造概念

借势造概念，就是制造出一些新奇、高大上，能引起共鸣、产生联想的概念，引起或者触动用户关注。这样的词有很多，如新零售、中台、迭代、打法、壁垒等。

互联网企业是造新概念的大户，互联网大佬更是如此。互联网大佬的"造概念"往往立竿见影，一次演讲、一次采访提到的内容，就会被广泛传播。

如马云打造的"新零售"概念，一下子开启了一个新时代，埋葬了一批旧行业。

2016 年 10 月 13 日，马云在云栖大会上提出了一个观点，纯电商时代将很快结束，未来的几十年将没有电子商务这一说，针对未来，马云提出了五大趋势，分别是"新零售、新制造、新金融、新技术和新能源"。

至此，新零售开始走进公众的视野。马云的一番话带火了新零售，也埋葬了传统零售。很多传统零售企业要么转型，要么卖身，要么倒闭。

再如，"中台"是近几年最为热门的概念之一。这是马云2015年参观芬兰游戏公司Supercell后提出的概念，在参观中，马云发现他们把通用的算法和游戏素材整理出来变成工具，使得每个小团队开发速度和试错游戏速度都非常快。因此，阿里开始提出"大中台，小前台"的组织与业务机制，不久就成立了数据中台团队。

讲到最后，无论借势还是造势，都是技法，都是方法。其本质还是要有好的产品、好的体验、好的服务、好的价格，更好地为用户服务的发心，这才是根本，才是大道。

内容为王：无内容不营销，好内容就是好营销

借力造势是策略，传递策略的载体就是内容。

内容为王，由来已久，指的是优质的内容、原创的内容，能够找到用户、带动销售、积累品牌增长的内容。内容为王始终是吸引用户、扩大流量的硬道理。

全媒体时代，渠道可以改变，平台可以拓展，形式可以创新，但内容为王依然是不变的黄金法则，且伴随着媒体的深度融合进

程，更显砥柱中流之用。

内容包罗万象，有短视频、电视剧、电影、综艺节目、游戏、音乐、直播、电子书、新闻、访谈、纪录片、问答、体育赛事等。

超级单品需要用内容带流量，带销量，带用户，带品牌。对于超级单品的品牌来讲，经营最高效，投入产出比最好，触达用户路径最短，成交转化最高的内容形式就是短视频、社交内容、直播。

好的内容一定是有灵魂的内容，没有灵魂的内容，难以深入人心。特别是在基于个性化内容推荐的抖音平台，所有人在算法面前都是平等的。

无内容，不营销

为了更好地让超级单品和用户之间建立链接关系，我们就需要营销。营销就是为了建立产品和用户之间良好的认知关系。一路走来，营销的方式多种多样，如广告已经成为生硬、无效、没落的营销形式，用户很反感。而电话营销，很多时候都是骚扰的代名词。

传统营销已经没落，内容营销应运而生。这个信息爆炸、碎片化的时代，大众消费者已经进入"无共识"时代，形成了孤岛化和图层化的认知水平。用户已经没有兴趣，也没有时间去接受与自己无关的东西。

数智化时代，营销不再是强加给客户的信息，比如插播广告。要打动用户的心，跟用户产生情感的共鸣，需要潜移默化，润物细无声地去影响用户的心智。用户刚好需要，品牌刚好能够提供，这样的营销才是好营销，而内容营销就是这样的形式，尤其是在人工智能和算法的助力之下。

好的内容营销，就是更好地和用户形成数字化的连接关系，良好的沟通桥梁，建立信任关系。所以，好的内容营销，必须有三大特性和三个要点，才能更好地抓住用户，建立用户信任关系，形成用户心智。

内容营销具有三大特性：时效性、适配性和收获性。

1. 时效性

时效性就是指内容过了一定的时间周期之后，就不能带来新的流量，不能触达新的用户，需要重新发布新的内容。各种形式的内容的时效性如表5-1所示。

表5-1　不同内容形式的时效性

内容形式	典型内容营销呈现形式	传播能力	持续时间
长视频（影视综、动漫）	冠名、植入、中插等	随内容传播	1~3个月
短视频	口播、品牌露出等	可二次传播	1周左右
直播	营销活动直播、内容植入等	仅覆盖即时用户	即时
音乐	广告主题歌等	可二次传播	1周左右
音频	口播植入、定制音频节目等	随内容传播	1周左右
游戏	道具植入、人物植入等	随内容传播	1~3个月

2. 适配性

内容必须跟所属超级单品、品牌、平台和用户之间建立适配关系，即内容要适合目标人群特性、平台特性、传播特性、品牌调性等。例如小红书的用户群体以职业女性为主，美妆产品就很容易在小红书平台传播。

3. 收获性

现在很多人一刷短视频就是一两个小时甚至一晚上，浪费时间，每个人都有压力感和罪恶感，这是人性。

抖音算法的核心思想就是让用户在"杀时间里省时间"。即在大家刷抖音的过程中，还能学到一两样本事，提升认知，了解到一些知识点，哪怕学几个单词也行。这样就可以减轻用户浪费时间的压力感和罪恶感。虽然碎片化学习成效不大，但要让大家心里觉得有收获。所以制作的销售型的内容必须有四个要点：简单，直接，轻快，量大。

1. 简单

就是不要太复杂，用户一看就懂，一看就明白，不用去琢磨深层次的含义，以最简单的方式传达主要内容，这也是短视频受欢迎的原因之一。

2. 直接

由于时长限制，内容要尽量集中精华，分秒不容浪费。通过深思熟虑，内容将回答问题的步骤、展示产品的特点、传达信息的关键点等进行精心策划和整合，让观众在短时间内，以最直接、最快的方式接收到信息。

3．轻快

轻快就是轻松快乐。内容要真诚，要传播正能量，更要带给大家快乐和愉悦，旨在给用户带来欢笑和放松。无论是搞笑视频、萌宠视频还是音乐舞蹈视频，品牌直播还是达人直播，内容都要追求娱乐性，让观众在繁忙的生活中感到快乐和放松。

4．量大

因为内容具有时效性，因此以销售为目标的内容形态就需要量大。大量内容可以带来大声量，大声量就是大流量，大流量就有大销量。比如，很多直播间24小时轮番直播，就是量大的具体形式。

人间清醒的年轻人

对于内容而言，年轻人创造内容，也消费内容，更是引领内容的发展。

"如何与年轻人沟通""如何占领年轻消费者的心智""如何实现品牌年轻化"，这是所有品牌经营者都需要问自己的问题。

不管是渴求增长的新消费品牌，还是想焕然一新的成熟品牌，年轻一代都是大家想去获取的目标用户人群。超级单品也是一样，最好的生意就是从年轻人开始。

得年轻人者得天下。但这一代年轻人跟过去任何一代年轻人都不一样。这代年轻人生来衣食无忧，却也经历了过去的年轻人未曾有的经历，比如就业难度加大等。

要走进年轻人的心，首先要理解年轻人，从客观的视角全方位地了解他们，才能找到有效影响他们的方式。要找到他们的兴趣、爱好，才能更好制作出内容引起他们的共鸣，给他们带来即时的满足感，他们才能更好地传播品牌，也更愿意去制作二次传播的内容。

这代年轻人是人间清醒的年轻人，他们的价值观和追求突破了过往的想象，安稳、养生、治愈、不得已、悦己达人、理智与责任、治愈、美、小众，过去这些特征无法一下子出现在一个年轻人的身上，但这就是他们，人间清醒的年轻人。或许是社会发展的进步必然，或许是当下的无奈，但这就是他们，实实在在，真真切切。

1. 安稳

求安稳曾经是中年人的特质，却成了当下年轻人的心声，他们并不是四平八稳、暮气沉沉，而是年轻人身处动荡的世界，根本就没有时间停下来慢慢品味。不确定性泛滥，他们的稳，是想要守住些许"底气""把握""确定性""安全感"与"烟火气"。比如，国货、国潮、中国元素就是他们想守候的人间烟火气。

2. 养生

养生是中老年人的话题，但也是年轻人热衷的。新冠疫情三年，大家的健康意识觉醒，年轻人也开始养生。睡不着、脱发、亚健康三大问题困扰着年轻人。独处的年轻人在养生，这不可想象，但这就是年轻人的生活。

3. 治愈

不管是步入学校，还是外出工作，提早离家的年轻人与孤独相伴，面对工作、生活等多重烦恼，需要与自己和解，需要与同频的人"共振"，需要治愈，需要疗伤，需要更多情绪出口。理解年轻人的生活情绪，不仅需要关心他们的身体，更需要关心他们的精神。

4. 美

美就是颜值，颜值至上，年轻人对于颜值的追求，更是苛刻，有自己的标准和理解。对传统文化的自信，是年轻人的美的立足点。与中式传统美学结合备受年轻人青睐。"消费发展到某一程度时，凌驾一切的兴趣或许在于美感。"从美出发，打动年轻人，让他们和品牌一起"变美"。

5. 小众

每个年轻人都有自己的圈层，这就是小众圈层。粉丝经济就是一个小众圈层。天使用户也是一个小众圈层。在这个小众圈层里，可以满足年轻人独特性和个人认同的追求。在这个圈层，年轻人可以与偶像和圈层互动，感受到归属感与认同感。

6. 不得已

"不得已"就是无可奈何。被迫工作，被迫加班，被迫出差，被迫学习，都是无可奈何。是妥协，也是随波逐流。这种感觉和情绪的表达，在这代年轻人身上很是明显。

7. 悦己达人

年轻人，悦己不忘达人，独立、自我，又愿意付出，这也是年轻人的美好。

8. 理想与责任

年轻人初出茅庐，能力相对有限，但是责任感与使命感始终印刻在年轻人的价值观里。在力所能及的范围内践行责任，消费未必精打细算，但极具个性化。更喜欢友好的品牌，对未来负责，也是整顿职场的斗士，敢对职场 PUA（精神操控）说"不"。同时他们也"人间清醒"，理性地认清现实，也是承担责任的起点。

好内容，就是好营销

什么样的营销才算好营销呢？

好的营销，就是能够持续稳定地链接用户，将产品和服务精准地推送给需要的用户，能够达到销售增长和品牌提升的目的。其中精准、稳定、持续、链接用户是关键。

传统广告营销是全面撒网重点捕鱼，但不能确保鱼上钩，投入大，收益小，不确定性强。

传统互联网营销采用人找货的形式，线下店铺的逻辑也是如此。货品摆在实体店或者线上电商店面，只有找到人，才有销售的机会。这时候需要利用各种广告，把客户拉到店里来。百度的竞价排名，阿里巴巴的直通车、钻展广告产品，等等，就是这种逻辑。只有排名靠前的产品才会被进店用户点击，所以需要持续不断地投入，需要不断地烧钱，排名才有机会靠前。

而内容营销是利用货找人的形式，将精选的内容通过社交媒体、内容电商平台、传统电商平台，按照算法及内容获客逻辑，在时效内与感兴趣的用户之间产生链接关系，形成触达。平台也会把优秀内容推送给需要的用户，内容越优秀，被推荐的流量池子越大，链接的用户群体也更多，这就是内容营销的核心。

两种核心流量来源的底层逻辑区别如图 5-1 所示。

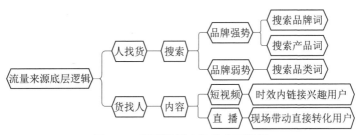

图 5-1　两种流量来源的底层逻辑

除此之外，随着内容的发展和自我完善，已经形成了如下三大趋势。

1. 内容有更大的用户基础，也是品牌营销的目标人群

根据亿邦智库的数据，截至 2022 年 12 月，我国社交媒体用户人数突破 10.15 亿，同比增长 7.54%。其中，短视频用户人数达 10.12 亿，同比增长 7770 万，占全体网民的 94.85%；直播用户数达 7.51 亿，同比增长 4728 万，占网民总数的 70.3%。伴随

着对用户时间及心智渗透加深，社交媒体势能已起，以社交媒体为经营土壤的内容营销价值凸显。

2. 内容与电商融合发展，能够做到品效协同发展

抖音、快手、小红书、B 站等社交媒体平台为了变现，持续地电商化，且社交媒体电商持续火热。飞瓜数据显示，2023 年抖音"618"大促 GMV 同比增长 73%，近三年"618"大促呈高增长态势。视频号直播带货销售额同比增长超 8 倍，看播规模同比增长 300%。

而传统电商平台淘宝、京东、拼多多为了获取更多用户、留住用户，加强站内种草，借内容化改变流量获取机制。内容平台加速升级新电商，借电商化增强变现能力。平台扮演着更多的角色，持续用优质内容推动电商发展，"内容"和"电商"正逐步走向融通共生。

内容电商化	电商内容化
小红书 • 精研"主题式电商"，加快一体化社区生态演进	淘 • 买家秀社区升级为逛逛
抖音 • 升级"全域兴趣电商"，覆盖短视频、直播、商城、搜索等主要模块	• 加大对逛逛直播、点淘的投入力度
快手 • 相互融通打造信任电商，构建"短视频+直播+电商"生态	• 培养特色型直播达人 • 招募内容种草官 • 发起短视频挑战赛
bilibili • "快手小店"开启"双11"直播带货，强调"内容+电商"营销模式，B站直播购物分区上线	多多 • 大力扶持多多视频 • 多多短视频内容以带货、种草功能为主

图 5-2　内容与电商实现融通共生

3. 内容与各种商业形成多线路链接，完成闭环商业生态

电商和内容的融合发展，让内容不再只是传递信息的媒介，更是紧密连接品牌与用户的重要桥梁。品牌、达人、平台、用户有效地整合在一起发展，形成利益共同体。

达人通过内容合作与品牌方建立联系，也会在图文 / 短视频下方采用购物车挂链形式。直播带货逐步成为品牌新的增长点，也是品牌增长的主要驱动力。内容与电商并轨加速，两者之间边界在逐渐弱化，形成高效流转与营销闭环。

以往的商业模式常将渠道、销售、市场分割发展，很多企业才有渠道部、销售部、市场部甚至品牌部，它们各司其职，很难形成合力，也导致信息和资源流通受限，效率受损。现在这种模式已经被打破，各个板块需要逐渐融合，形成更加紧密的因果关系。这为品牌提供了更多的机会和挑战。在这个变革的背景下，全域协同经营的重要性显著提升。

所以，内容营销要融入企业的品牌增长战略中，变成增长内在的驱动力，这就是内容营销的核心价值。

那么，如何做好内容营销呢？

什么样的内容，就对应什么样的预期结果，不能眉毛胡子一把抓，也不能病急乱投医。做内容一定要对症下药，这个症就是目标用户人群的喜好。年轻人是这个用户群体的核心和主体，也是最愿意分享好内容的人群。

做内容跟做产品的底层逻辑是一样的，内容要产品化，产品内容化，相互的融合是大势所趋。超级单品的打造过程，也适用于内容产品的打造，好的内容就是一款超级单品。

数智时代，企业只有两种产出，一种是超级单品，一种是优质内容，而这两样东西都是用户愿意买单的，为超级单品付出货币，为优质内容付出时间。把这两种产出融合在一起，产品的内容化和内容的产品化，这就是好的内容营销。

内容的产品化解决广告没人看的窘境，产品的内容化解决产品同质化的困境。

好内容，塑造新品牌

传统品牌模式失效与营销效能见顶，很多品牌正迎来中老年危机。可口可乐、宝洁、三星，甚至娃哈哈、联想等全球知名品牌，正在逐步淡出人们的视线和话题。

而如小米、华为、瑞幸、理想、元气森林等新消费、新国货、新国潮、新国粹的产品品牌正快速崛起和增长。

观察这些品牌发展趋势的变化，我们很容易发现，它们成功的四个核心原因如下。

- 选择细分赛道，重新定义赛道发展模式。
- 以赛道中的年轻人为核心用户人群，不管是新锐白领、小镇青年，还是蓝领、精致妈妈还是 Z 世代，都是目标用户。
- 打造超级单品突围，将超级单品打造作为品牌引爆的重中之重。
- 依靠内容塑造品牌，内容营销已经成为新消费品牌崛起的一大利器。完美日记就是在小红书通过种草，持续不断地植入优质内容，快速成长起来的。

依靠内容塑造品牌，其核心本质就是："年轻人 + 内容 + 社会化媒体"。优质内容是传递品牌符号的关键，也是沉淀品牌的基础。新人群带来产品新消费，新消费带来新市场，新市场促进新营销，新营销诞生新品牌。

内容营销，以内容为核心，也打通了企业内部产品、市场、品牌、销售、公关等之间的壁垒，使其形成合力。

好内容，成功方法论

内容创作存在核心逻辑，一定要"传递温情"。数智时代算法和代码驱动之下的链接，这种关系的传递是冰冷的，缺乏温暖和情感，内容就是要去做这种温暖情感的载体。

传递什么样的温情呢？就是前文提到的年轻人所期望的，如安稳、养生、治愈、不得已、悦己达人、理智与责任、治愈、美、小众等。

要让内容更多去传递正能量、温情、关爱、友谊、知识和经验等，而不是去制作和传递负能量、恐慌、怀疑等，更不应该人云亦云、煽风点火。

当然，内容不仅要传递温情，还要吸引用户的眼球，起到与用户建立关系，并获得用户信任的重要桥梁作用。

内容创作能力核心的逻辑在于串联"人、货、场"要素，覆盖到用户流量路径，并与用户建立联系，实现品牌认知传递、内容种草、产品促销转化、用户圈层触达等目的，打造品牌长效差异化竞争力。

内容创作有策略可依循，根据内容不同，我们可以分为：热点型内容创作，认知型内容创作，场景型内容创作，价值型内容创作。

1．热点型内容创作

主要目的：跟热点话题和网络热度等，例如跟明星、大 V 热点等。

创作要点：通过自带热度的流行话题、社会事件，结合品牌的定位和风格，创作有趣的解读。或提供专业的见解，吸引用户的兴趣和注意力，并积极与用户进行互动和讨论，提高内容的传播度，品牌应注意尽可能少跟政治热点。

2．认知型内容创作

主要目的：卖点展示、产品评测、品牌介绍、使用心得、服务体验等。

创作要点：通过将产品内容化，创作认知型内容来提升用户对品牌的认知。利用产品的特性来塑造品牌形象，让用户更深入地认知品牌并与品牌建立情感关联。

3．场景型内容创作

主要目的：产品演绎、场景共情，将用户带到想要的生活中。

创作要点：创作与用户喜欢的场景高度融合的内容，引发用户的参与，将产品或服务与用户日常生活、特定场景相结合，展示产品在实际使用场景中的应用和效果。通过场景型内容的创作，激发用户的兴趣和购买欲望。

4．价值型内容创作

主要目的：深度测评、横向测评、专家意见、领袖意见、KOL（关键意见领袖）的推荐等。

创作要点：提供具有知识性、教育性的有价值的内容，以满足用户的需求并提供实用的帮助。这些内容可以是指南、技巧和行业洞察，旨在帮助用户解决问题、获取知识和实现目标。

内容创作上，首先要洞察需求，找到内容的三点：痛点、痒点和燃点。其次，对发布的内容效果进行评估，最核心的就是看转化效率，没有转化效率就都是泡沫。最后，迭代、沉淀好的经营。我们必须坚持原创，杜绝人云亦云、粗制滥造和恶搞低俗。具体方法体系如表5-2所示。

表5-2　内容创三步法

步骤		指标	方法
第一步	洞察	痛点	从内容互动中找到用户的痛点
		痒点	从高热内容和场景中找到用户痒点
		燃点	从兴趣生活照找到用户的燃点
第二步	评估	热度表现	验证内容与目标用户的契合度
		互动占比	内容题材在同行内容中的竞争度
		看搜反馈	内容的转化效率
第三步	迭代		调整无效内容资产
			放大有效内容资产
			沉淀价值内容资产

全域营销：品牌未来增长的必备神器

好内容就是好营销，也需要好的渠道和方式去传播，这就需要去做营销扩散，让好内容触达每一个有需要的用户。

但在存量市场，你每获得一个新客户，都是别人失去的老客户，属于博弈竞争。存量市场下要解决用户需要产品和服务的时候，能否想得起品牌的问题，这就对营销提出了更高的要求。

当前，中国市场的营销环境日趋复杂，多元化、去中心化也已经是常态。品牌产品的迭代速度越来越快，用户的消费习惯快速变迁，消费平权兴起，品牌营销难度加大。品牌需要深入用户使用场景，了解其需求和行为，也需要针对不同渠道和平台的用户特点，制定不同的内容形式，更需要通过整合和协同运营，全场景、全渠道、全链路、全平台地获取用户和数据，实现有效的品牌增长。

而全域营销通过升级迭代给品牌营销增长提供了方法论体系和落地工具。

传统营销更像是"盲人摸象"，摸到哪里算哪里。全域营销，让每一分经营投入都能算清数，知道有效的营销投入产出比，看清楚不同渠道、不同链路、不同时段、不同内容和不同人群，了解营销内容投放和销售产出之间的因果关系，从而选择最优路径，实现最高效产出，做到品销协同发展。

目前来看，全域营销还是最有效、最高效的营销模式。"全域营销"自 2016 年阿里巴巴提出已有数年，随着抖音、快手、京东、拼多多相继提出自己的全域营销概念，全域营销进一步迭代升级，功效大增。

2023 也被称为营销的"全域年"，越来越多的品牌和商家发力全渠道，渴求全域增长，推崇全域营销（图 5-3）。

图5-3　全域营销升级示意图

全域营销，从平台角度出发应该做好流量平台（淘宝天猫、大京东、拼多多、抖音、快手、微信生态等）企业生态内的全域营销（前面重构电商部分已经介绍过），从品牌角度出发要做好全场景、全渠道、全链路等的全域营销。

全域营销，品牌增长必备神器

直播带货、短视频电商、O2O、会员店、仓储店等新业态不断涌现。伴随这些多元业态和渠道的崛起，一方面消费者拥有了更多购物渠道选择，另一方面，流量和渠道的分散化带来的问题也接踵而至。

流量红利时代盛行的"跑马圈地式的扩张"不再奏效。品牌增长，除了精细化运营，更向深耕用户、沉淀用户资产的用户经营新时代发展。

在用户经营新时代，原则上，用户在哪里，品牌的营销和服务就应该在哪里。全域营销，就是为用户提供全链路服务。全域营销，能够打破固有的用户圈层，实现营销的有效破圈，发现和寻找新的用户数字化触点，全域布局、全域铺点、全域收获、全域增长。

借助全域营销实现品牌增长是大势所趋。

全域营销经历了从线下到线上、从公域到私域的流量迁徙后，成为以消费者为中心，全面融合场景、触点、旅程的创新营销模式，是数字技术发展融入市场营销中的裂变，是对营销体系的创造性变革。

全域营销，通过数字化智能技术，实现"三破三立"（图 5-4）。"三破"，即打破线上与线下空间边界、打破公域与私域界限、打破平台壁垒。"三立"，即立足消费者、立足场景、立足供需。

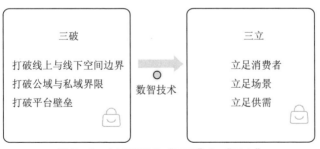

图 5-4　全域营销的"三破"与"三立"

为实现品牌增长，全域营销以用户为中心，实现各环节协同，保障用户全旅程极致体验；统筹协调多方资源，实现各触点效益最大化。

全域营销立足长效用户价值，可实现消费者资产的经营与沉淀。

全域营销，追求用户高度认可品牌价值观，实现用户机制转化，与高净值客户建立长期稳定关系，品牌甚至可以根据私域流量池中目标用户的个性化需求，进行产品功能的设计与生产，进而实现品牌基业长青的可持续发展。

全域营销，是一场增长突围战

全域营销，是市场营销与数字技术的结合，有一定的门槛和难度。营销人才的感性与技术人才的理性的融合需要过程，全域营销也在逐步迭代和完善中。

1. 全域营销，知易行难，好多企业没有开始，就已经失败了

全域营销在具体实践中会受限于消费者触点复杂、需求多变、场域壁垒高筑、内容到转化链路不通等原因，全域布局始终"知易行难"，种草的价值也多是"雾里看花"，难以实现效果最大化。

全域营销需要一定的基础，如产品力、内容力、运营力，而很多时候都是为了全域而全域，让用户始于品类，陷于内容，毁于品牌，又何谈忠诚度和复购？

再就是流量平台之间的壁垒，这个问题由来已久，平台的用户肯定不会让品牌导流到私域，这也是一种博弈。

2. 全域营销，从卷流量开始到卷内容、卷工具，内忧重重

第一，营销之前是拼流量，能获得流量的就是好方法，流

量可以花钱来买。在内容驱动下转向拼内容，但有的品牌虽有内容却无内容力，有数量没有质量，这时候花钱效果也不一定明显。

比如，2023 年度淘宝数据显示，大部分的商家已经很难做到投入产出比达到 1∶1。而网络上到处充斥着劣质内容，甚至更多的是代码生成的内容，千篇一律，浪费用户的时间，反倒使其对品牌产生抵触情绪。

第二，全域营销需要辅以技术工具，但技术体系的实用性很弱，大马拉小车或小马拉大车的情况屡见不鲜。到底是业务驱动技术，还是技术驱动业务，永远搞不清楚方向。

全域营销是营销科技发展的必然产物，是数字技术发挥的基础。它是以客户生命周期 ROI（投资回报率）最大化为目标，依托人工智能和大数据等技术，在洞察客户、构建客户标签画像的基础上，借助数字化手段支撑企业完成从影响、触达、运营、转化到服务、复购的全流程数字化闭环，实现精准营销和精细化运营。

这个过程涉及数字技术和技术工具，比如 CRM、SCRM（社会化客户关系管理）、CDP 系统、AIGC（人工智能生成内容）技术等。而这些技术掌握在一些大企业的手中，它们打造了很多相关的系统，中小企业购买了这些软件，但对它们而言这些系统的实用性并不强，或者不会用。

3. AIGC 带来内容生产力革命，但任重道远，或许还会本末倒置

2023 开年以来，ChatGPT 推动人工智能不断掀起话题高潮，

AIGC作为新的创作模式，能够支持文本、音频、图像、视频等不同创意形式的人工智能内容生成，为营销行业的降本增效带来价值。

但从实际应用来看，使用率不足20%。AIGC技术和产品的不成熟，只能解决营销单点问题，且太多企业缺少训练模型的数据基础，适配性低，学习成本、协同成本、沟通成本反而很高。

在中文语境下，AIGC更难针对多元化场景、多平台渠道、多样化需求，快速准确输出契合品牌调性和目标人群的内容，稳定性和精准度不足以满足企业需求。

另外，内容链接用户，需要传递温情，而这个也正是AIGC所缺乏或者说有待提升的。

AIGC要真正融入营销生态仍有较远的路要走。

虽然全域营销内困外忧，但依然是目前最有效的营销方式，因为有困难、有门槛才有壁垒，做好了就可以突围，打败更多竞争对手。

毕竟存量市场拼的就是科学的经营力，而全域营销就是经营力的体现。

五步，打好全域营销这场硬仗

品牌全域营销的目标就是：全域引流＋爆破营销。全域营销要有大媒体、大曝光、大声量，才能有大销量，但更重要的是要有效转化。

要做好全域营销，核心不能太复杂，因为太复杂就很难执行，容易打击使用者的信心。

做好全域营销，需要从图 5-5 所示的 5 个方面入手。

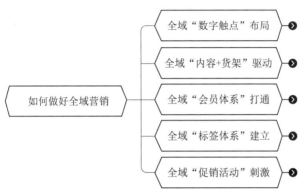

图 5-5　做好全域营销的 5 个入手点

1. 全域"数字触点"布局

中国的消费环境正在发生翻天覆地的变化，从线下到线上再到线上与线下相融合，从公域到私域再到公私域联动，以及重新定义私域，企业在转向以消费者为中心的过程中，正在面临多元化消费渠道与触点保障的发展。

以用户生活为背景，形成了多元的生活场景，而生活场景就是用户的生活。数字技术的发展，让每一个生活场景或者通过软件，或者通过硬件，或者通过软件硬件结合，形成生活的数字化场景，这个数字场景中的消费，得以数字化体现。第一步，我们需要分析和跟踪消费者的数字化旅程，并在每个旅程场景中找到数字化的触点，展开营销。

如我们躺在家中的沙发上，一边刷手机，一边通过电视看电影，就是一个生活场景。在这个场景中，手机、电视、空调、沙发，手机里的抖音、美团，电视的开机界面、影视会员，都会形成触达这个用户的数字化触点。

所有的数字化触点都是企业与消费者互动的通道，多元化的触点布局与深耕是企业获取用户的第一步。

第二步，借助数智技术进行多元化触点的整合，尤其是用户行为逻辑与数据的整合洞察，这是重中之重。全面而深入的用户洞察是企业数智化转型成功与否的重要根基。

如小米以用户的个人、家庭、生活为核心打造的数字化生活场景，就是以人工智能为中枢、硬件为入口、数据为引擎，全面沉淀用户生活大数据，通过生活大数据进一步洞察用户需求，做到比用户更懂用户的生活。

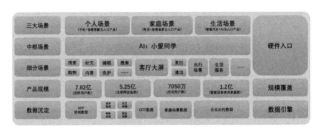

图 5-6　小米为用户打造的数字化生活场景

第三步，基于数据洞察，形成自动化乃至智能化的策略，展开业务的经营，从前端营销策略的优化、用户体验的升级，到产品研发的洞察输入等，真正意义上实现数据驱动企业品牌经营增长的价值闭环。

全域流量与触点错综复杂，消费者与品牌企业都在面临触点信息分层化的困境与挑战。多元化触点联动，既要正视全域体系的复杂与割裂，同时也要在其中寻求连通公域与私域的主动脉。

如：淘宝，天猫，抖音，快手，小红书，B站，知乎，京东，拼多多，爱奇艺，腾讯视频，小程序，微信朋友圈，企业微信，扫码支付，小米米家，鸿蒙系统，等等，都是可以触达用户的数字触点。

再如，基于媒体搭建的全媒体传播渠道，也是触达用户的数字触点（图 5-7）。

图 5-7　基于媒体搭建的全媒体传播渠道

2. 全域"内容 + 货架"驱动

在内容大行其道的趋势驱使之下，货架电商在内容平台上的增长速度超过了内容驱动的电商增长，比如抖音货架电商增长速度就很快。

全域需要内容和货架结合布局。内容赛道更适合用户拉新，通过内容有效地激起用户的兴趣和需求。货架赛道更适合用户的留存，通过好产品 + 好服务带动长期用户价值的积累，起到人、货、场的有效协同，流量互补，长期实现品牌的有效增长（图5-8）。

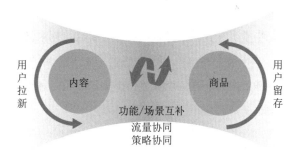

图5-8 内容和货架结合布局

营销服务的电商逻辑发生变化，一个是以搜索为起点的货架电商，一个是以内容为起点的内容电商，底层运营结构发生了变化。

全域要以"内容 + 货架"驱动，具体体现为：以店铺为中心，以直播为中心，以内容为中心，去驱动品牌销售增长。店铺是产品力的体现，直播和内容是内容力的体现。

我们再来看看货架电商和内容电商的区别。

凡是以"搜索"为起点的都可被归为货架赛道。用户明确要购买的产品，在货架上进行搜索，通过选择、比价等一系列行为下单，属于由自发需求驱动的理性购买。

凡是以"内容"为起点的都可被归为内容赛道。用户一开始大概率没有明确的购物需求，是在看内容的过程中被"种草"，然后迅速下单，是由感官所激发的冲动性购买。

表 5-3　货架电商与内容电商对比

	货架电商	内容电商
用户起点	以"搜索"为起点	以"内容"为起点
驱动因子	主动购买需求驱动	感官兴趣激发非计划消费
典型动作	主动搜索，多方比价	种草即拔草，快速决策
平台运营逻辑	无限的货架，有限的搜索	无限的内容，有限的兴趣

3．全域"会员体系"打通

全域营销的核心目的，就是全域会员体系的建立，也就是私域流量池子的积累，是全域营销的核心数字底座。

全域会员的打通，受到流量平台的限制，平台之间无法打通可能是每个品牌不得不面临的问题，也是天然的壁垒。核心解决办法就是先让用户成为会员，推进品牌数字零售体系建设，用会员体系管理好平台内部用户，反哺公域。

首先，是让用户成为会员，用同一套会员体系流程打通全域会员体系，包括天猫、抖音、京东、私域、DTC、线下等渠道，每个渠道不能各自为政，所有用户都是品牌的会员，不同平台的会员能力相互借鉴复制。要有用户管理系统，比如 CRM、SCRM、CDP 等。

其次，推进构建品牌全域数字零售系统，私域中使用差异化的内容，拉近和用户的距离，产生有效复购，提升效率，降低成本，如 DTC 也是一种模式。

再次，面向非会员的群体，使用天猫、京东、抖音等平台的数据，做数据沉淀、人群标签，反哺公域。

4. 全域"标签体系"建立

流量平台对于数据流动的限制，也是形成数据孤岛的核心原因，其解决办法是采用"标签"体系。

在存量之争的时代，内容对消费者从心智到行为都有着极大的影响，必须把内容、商品、用户关联起来。然而受限于合规性以及平台间的天然壁垒，用户、场域的打通遥遥无期，而跨端的种草转化也难以闭环，能够串联三者的唯有标签。

产品标签、用户标签、内容标签，一一对应，展开有效的全域营销。结构化标签体系，产品标签化之后就可以选择用什么样的标签内容去同用户沟通。

将内容标签、产品标签、用户标签进行归因关联，明确什么样的标签转化率高，什么样的标签种草效果好，就会做到有的放矢。

例如，小米 Civi 手机的产品标签是职业女性，注重颜值对应的内容就是女性，对应的内容肯定就是年轻女性越拍越美，更适合小红书这样年轻职场女性集中的平台种草推广。

5. 全域"促销活动"刺激

前面四个方面确定好了全域营销的体系和标准，接着我们就需要通过不断的促销活动去刺激用户、经营用户，让全域营销能够顺畅地流动起来。

这些体系都好比人身体的骨骼和肌肉，有了骨骼架子和肌肉还需要有血液在有机体里循环起来，才会有生命的美妙，这个血液循环就是持续不断的促销活动。

最后，就是具备营销型的组织去保障全域营销执行落地，中间精细化是关键，要不断地总结、复盘、升级、迭代和完善。

全域营销，要每一分经营投入都算数

全域营销，最核心的目的就是让营销有效。虽然目前很多企业和品牌仍做不到品效合一，但一定要做到品销协同。营销中要做到花出去的每一分钱都能算出回报来，也就是销售产出。

精细化全域营销的投入产出原则是可以算出来的，但实际上因为渠道的复杂性和局限性，很难做到 100% 的准确。效率是全域营销的根本，其中这个"效"就是有效性，先要保证有效，才能提倡效率。

如何提升有效性呢？

1. 针对不同平台的用户画像标签，制定不同的内容，达成不同的营销目的

比如，小红书用户以年轻女性为主，占比在 80% 以上，其中 18~35 岁的用户占比最高，又以 24~29 岁的用户为主要人群，分布在一线和二线城市，如北京、上海、深圳、广州等。这些用户更加注重品质、品位和用户体验，在购买决策时更倾向于品牌或口碑较好的产品。

所以，深受女性用户关注的美妆、时尚、护肤等领域的产品是小红书投放重点品类。品牌可以通过小红书以多样化的广告形式和定向投放策略，快速提高品牌知名度和销售转化率，与女性用户建立更紧密的关系。

2．针对不同的用户场景，去做 A/B 测试

目前字节跳动已经通过火山引擎数智平台推出结合字节文化的 A/B 实验平台，取名为 DataTester。

DataTester 基于先进的底层算法，提供科学分流能力，提供智能的统计引擎，实验结果可靠有效，助力业务决策。

DataTester 已覆盖推荐、广告、搜索、UI（用户界面）、产品功能等业务场景，可以帮助公司业务在快速迭代的路上，大胆假设、小心求证。

3．用人工智能工具，模仿重复性的动作，可大幅度提升效率和转化率

转化率低、运营效率差，是影响企业销售额的重要问题，核心原因在于店铺本身质量或客服的服务质量。店铺本身的质量包括店铺等级、产品品类、描述、图片、尺码、评价等方面，这些都会影响客户对店铺的信任和兴趣。如果店铺本身的质量问题不解决，即使投入广告，也难以吸引客户停留和购买。

但是，解决这些问题需要耗费很多人力和精力，这时候就可以借助人工智能软件辅助解决。

- 图片素材设计。通过智能算法识别图片中的商品素材，并将其以图像的形式提取出来。这样商家可以根据提取的素材，创作自己的商品图片，从而吸引更多的潜在客户。

- 智能推荐。内置先进的推荐算法，根据用户的浏览行为和购买记录，智能地向用户推荐他们可能感兴趣的商品，有效提高商品的曝光率和转化率。

- 客服快速回复。顾客咨询时，都希望客服能立即回复。否则，就会像实体店里没有导购主动服务，很容易失去顾客。可以利用人工智能语义识别，把买家常问的问题设成快捷语，例如首次回复、欢迎语、发货时间、发货快递、赠送小礼物等。

数字品牌：五步打造数智化时代百亿级新品牌

数智化时代，存量市场、新用户经营趋势之下，如何做好品牌的建设、沉淀和发展呢？

数字品牌，增长的驱动力

新趋势、新环境之下，新消费浪潮来袭，数字品牌崛起，新模式也层出不穷。如小米、完美日记、元气森林、悦客、锅圈、KONO、理想、蔚来、小鹏、徕芬、REALME、花西子、拉面说、自嗨锅、王小卤等品牌快速成长和发展起来。

这些新品牌的崛起，都拥有更高的效率、更快的速度、更大的体量。如在食品、美妆、个护、鞋服配饰、萌宠、潮玩、智能硬件、泛家居、大健康、家清日化等品类走出来很多新品牌，也走出了很多引领国潮的新国货品牌和产品。

同时，也有些老品牌重新绽放光彩，如李宁的逆袭。

李宁作为中国领先的体育用品龙头企业，从亏损 31 亿元到身家百亿，体操王子的商业逆袭过程，充分体现了借助新的打法和策略再创辉煌的重要性。

李宁以 2001 年的 7.34 亿元营收为起点，一路高歌猛进，2010 年创下 94.55 亿元的营收额巅峰……作为中国的"体操王子"，李宁本人 2008 年在鸟巢上方点燃奥运主火炬，更是中国体育品牌历史上，一场无法用数字估量其影响的营销，那也是整个中国运动鞋服装市场批发时代的巅峰。

但是危机随后即至。随着整个行业的产能过剩，渠道大量积压库存，2011 年李宁营收开始下滑，2012 年亏损近 20 亿元，2013 年虽亏损收紧，但营收跌至 52.18 亿元，2012 年至 2014 年总计亏损近 30 亿元，一举烧掉了李宁在 2008 年奥运会后的辉煌。

在危机之前，李宁的营销手段比较单一，没有注重消费者的需求，经营主要以批发为主，以开店为主要的扩张手段。

面对危机，李宁开始调整战略，从批发转向零售，核心还是产品，以用户为中心，数据为导向，聚焦核心业务，打造超级单品，利用数字营销，电商业务的发展迅速让李宁起死回生。公司也不断调整和优化自己的产品线和渠道策略，提高自己的品牌影响力和市场占有率。

从品牌角度出发，李宁抓住年轻人群体，坚持以运动为本，以创新为魂，以文化为魄，将运动基因、中国文化和潮流元素有机融合，打造出具有国际视野和中国特色的运动时尚产品。

通过研究这些品牌崛起的原因，不难找到它们发展的驱动力。而找到"什么驱动了这一波品牌的崛起"的加速度，也许就能找到新趋势下，撬动品牌发展和增长的杠杆。

品牌的崛起过程都有一些共同的特征，如图 5-9 所示。

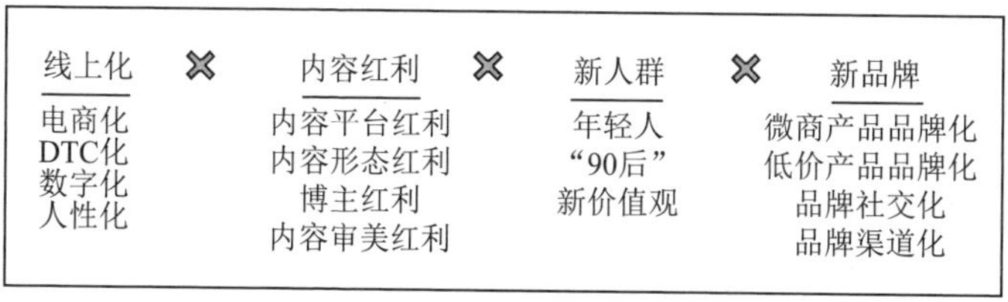

线上化 ✖	内容红利 ✖	新人群 ✖	新品牌
电商化 DTC化 数字化 人性化	内容平台红利 内容形态红利 博主红利 内容审美红利	年轻人 "90后" 新价值观	微商产品品牌化 低价产品品牌化 品牌社交化 品牌渠道化

图 5-9 品牌崛起的共同特征

- 通过对细分市场的品类赛道进行重新定位，进行品类创新式发展。
- 通过线上化发展而来，线上立足之后拓展到全域，再从全域拓展到全球。
- 通过打造超高性价比的超级单品，引爆品牌的发展。
- 通过内容的发展，带动全域营销发展，带动品牌的沉淀。
- 这些品牌的发展都抓住了年轻人群，包括"90后""00后"等。
- 这些品牌都依靠超级单品带品牌，内容带品牌，平台带品牌。

数字品牌打造五步法

企业成功不一定完全可以复制，但品牌崛起的路径可以学习。

在品牌增长和营销端，有五大核心因素在快速驱动数字品牌的增长，并且这波红利才刚刚开始。这五大核心因素就是：年轻人群、内容红利、线上化、私域流量和品牌营销。

通过对这五大因素进行分析，很容易找到打造数字品牌的五个步骤（图 5-10）。

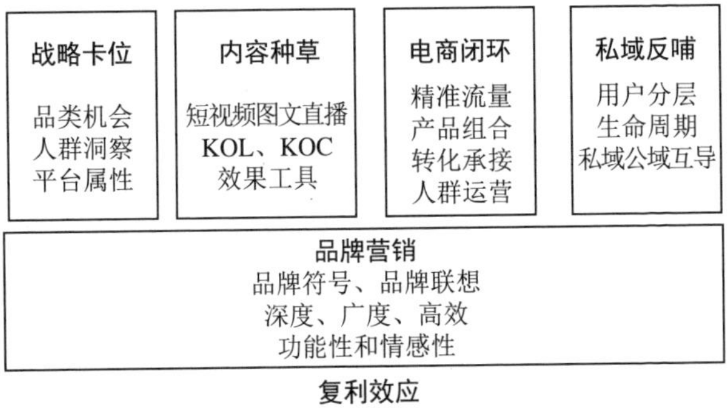

战略卡位	内容种草	电商闭环	私域反哺
品类机会 人群洞察 平台属性	短视频图文直播 KOL、KOC 效果工具	精准流量 产品组合 转化承接 人群运营	用户分层 生命周期 私域公域互导
品牌营销 品牌符号、品牌联想 深度、广度、高效 功能性和情感性			

复利效应

图 5-10　数字品牌打造五步法

第一步：战略卡位

清晰的战略卡位，是品牌成功和增长的关键。

（1）品类机会

找到行业，重新定义赛道，找到品类发展的机会。

（2）超级单品

利用消费升级趋势，集中企业资源进行超级单品打造，这也是数字品牌打击重视广告投入和深度分销的传统品牌的战略机会。

（3）人群洞察

新年轻人的崛起创造了新市场、新需求。洞察年轻人群的需求，找到消费趋势和动向。不同的人群孕育不同的商机。

我们可以简单地将目标用户划分为八类消费群体。

- 新锐白领：以"85后""90后"为主，以及 T3 以上城市青年，如抖音、小红书的用户人群。
- 资深白领：以"70后""80后"为主，多为城市上班族，如多数京东用户人群。
- 精致妈妈：以孕期到小孩 12 岁以内的孩童母亲为主，如抖音和小红书用户人群。
- 小镇青年：以 20~30 岁、居住在 T3 以下城市的青年为主，如拼多多用户人群。
- 小镇中老年：年龄在 35 岁以上为主的小镇中老年居民，如快手用户人群。
- Z 世代：互联网原住民，以"95后""00后"为主。
- 都市蓝领：25~45 岁为主的都市蓝领人群。
- 都市银发一族：50 岁以上的都市银发老年人。

这八大人群又可分为三类：以新锐白领、资深白领和精致妈妈为代表的消费中坚力量；以小镇青年和 Z 世代为代表的消费新势力；以都市银发一族、都市蓝领和小镇中老年为主的新蓝海人群。平台属性不同，平台销售的产品不同，主推的方向也不一样。

如京东的用户以大龄男性为主，对价格不是很敏感，更适合数码、家电、手机等标准化产品。而淘宝天猫以女性用户为主，尤其是妈妈们，更适合服装、百货等产品的销售。拼多多的用户以小镇青年为主，大家对价格更为敏感，对品牌的要求不是那么高，更适合白牌产品销售。

第二步：内容种草

通过内容种草获取年轻人群。内容营销已经是品牌营销的一大利器，我们需要在全域全网内容种草，吸引用户关注。小米的崛起、完美日记在小红书的种草发展，都是依靠内容成功的典范。

内容营销也是品牌公关传播一大利器。利用公关进行品牌传播，是多数新品牌宣传的主要方式，正在逐步替代品牌广告。

第三步：电商闭环

万物归宗，一切皆电商。电商是目前效率最高的成交转化方式。数字品牌的建立，要以电商为核心和原点，通过电商实现线上到线下。线上成功之后，可以进一步发展线下，线上线下都成功代表国内市场的成功，可以进一步拓展国际市场。

通过电商精准流量的触达、有效产品组合、店铺转化承接、电商工具的成熟，实现新品牌高效率发展。

第四步：私域反哺

私域的本质，就是基于用户对品牌的信任关系做"用户经营"。

全域营销就是从公域到私域，不仅有复购，还要反哺，私域反哺公域、反哺直播间、反哺线上店铺、反哺线下店面，

如小米通过私域反哺线下新零售，让小米之家成为继苹果之后，坪效最高的线下店面。

小米早期依托极致的用户体验，以及高效的用户互动，在线

上渠道收获了大量的"米粉"。随着时间的推移，线上渠道增速放缓，小米开始推行新零售战略，将视线瞄准线下，着手攻破线下市场。

线下门店的最大痛点就是用户触达难，没有主动权，往往用户购买完成后，只有再次产生需求，才会二次来到门店。而且线下零售门店无法获取用户使用过程的反馈，顾客的触达与互动非常困难。

为解决门店客流不足、认知欠缺、出圈难等问题，小米通过平台为店员赋能，抓住核心场景提升拓展粉丝效率。

小米的私域运营，通过线上"米粉"反哺线下小米之家。以店盖面，覆盖周围 5~10 千米的用户群，通过企业微信、朋友圈等来持续触达用户，进而促进用户在门店进行复购。为用户提供定制化的提醒，帮助用户提升小米产品的使用体验。此外通过小米用户和店员的真实体验，能够进一步带动口碑传播的购买。

第五步：品牌营销

品牌营销，不再是一个过程，而是结果。以超级单品带品牌，推动品牌增长发展。以用户口碑、用户复购、用户反哺带动品牌增长。以内容带品牌，好的内容形成好的用户口碑。以平台带品牌，以平台为背书，沉淀品牌资产。品牌的建设，是几个合力形成的结果。

第 6 章

产品创新

超级单品的创新从研究产品价值开始，通过
价值曲线，确定什么样的产品是用户心目中
的好产品。接着通过五个创新核心策略，打
造在用户眼里好看、好用、好玩、好晒的产品，
即产品要具有高颜值、高品质、高性价比的
特点。

创新，是企业发展的源动力。

管理学大师德鲁克曾说过，企业的增长核心在于创新和营销。

创新，也是对一个领域长期坚持和专注的结果。就商业领域来说，创新有很多种，如价值创新、定位创新、商业模式创新、文化创新、市场创新（蓝海）、体验创新、产品创新、技术创新、服务创新等。

如小米作为移动互联网时代最成功的企业之一，就是依靠持续不断地在商业模式、营销方法、产品打造、用户经营、生态链构建、新零售等方面的持续创新，才得以破局发展，创造了多个行业第一，也锻造了小米的科技生态帝国。

超级单品的创新从研究产品价值开始，通过价值曲线，确定什么样的产品是用户心目中的好产品。接着通过五个创新核心策略，打造在用户眼里好看、好用、好玩、好晒的产品，即产品要具有高颜值、高品质、高性价比的特点。

服务是产品的重要组成部分，而不是附加部分。超级单品需要以极致的服务体验感动用户，并通过持续不断地试错、创新、迭代，再试错、再创新、再迭代，让超级单品的表现达到极致。

产品价值：用户需求决定产品价值，产品必备的四大价值

讨论产品价值之前，我们可以先扪心自问几个问题：

· 用户为什么要买我们的产品？

· 我们的产品到底能为用户提供什么价值？

· 我们的产品到底是不是用户想要的？

· 我自己会不会用我们的产品？

· 我的员工会不会用我们的产品？

· 我的员工会主动介绍我们的产品给朋友吗？

· 用户会不会抛弃我们的产品？

· 什么样的产品才算一个好产品？

· 什么样的产品在用户心里才算一个好产品？

用户之所以购买我们的产品，就是因为我们的产品能够给其提供价值，满足其需求，用户也愿意分享这样的产品给身边的人，这就是产品价值。那什么样的产品才有价值，才能满足客户需求呢？

产品的价值，就在于满足用户的需求。也就是说，产品价值由用户需求来决定。不同的用户需求不同，不同时期的用户需求不同，不同的场景用户需求也不同，产品的价值是不同的。产品的价值，随用户的需求发生变化。

用户需求，决定产品价值

时代不同，用户需求不同，产品价值的内容也不同。

1. 产品价值 = 功能价值 + 情绪价值

20 世纪七八十年代，物质匮乏，这时候产品为王，有产品就行，产品能满足用户基本的需求就可以，如电话能打电话就行，照相机能拍照就行，自行车就是用来代步，手表就是来看时间的。能满足用户对产品单一功能的需求，就是一个好产品，市场甚至供不应求，拥有稀缺的产品也是家庭财富的象征，这时候的产品有功能价值，也可以满足大家情绪价值的需求。

2. 产品价值 = 功能价值 + 体验价值 + 情绪价值

进入 21 世纪，随着经济的发展，物质生活越来越丰富，产品也丰富起来，市场供大于求，企业慢慢进入渠道为王的时代，用户对产品的需求不再是拥有，而是需要良好的购物体验，要有售后服务，更要能体现身份。

这时候，企业需要占领用户心智，满足用户的基本产品功能之外，还需要满足用户情绪价值、体验价值，甚至资产价值的需求。

比如，一把椅子能用来坐，偶尔也能当梯子，这就是它的功能价值。一般的工厂或手工就能完成。送货上门、安装到位，3年保养、5 年质保、10 年维修，体验价值很好。如果椅子是领导送的紫檀椅子，好看、舒服、大气，又带有领导的关爱，一下子又具备了情绪价值。当我们得知这是一把明清的紫檀椅子，市场价值 100 万元的时候，这把椅子就是艺术品了，一下子有了资产价值。

但是，资产价值具有极大的偶然性。艺术品、加密货币、黄金首饰、限量球鞋或盲盒隐藏款等，都是如此。对于大多数用户来说，其并不是大众需求，也不是很重要，更重要的产品价值就是体验价值。

3. 产品价值 = 功能价值 + 情绪价值 + 体验价值 + 传播价值

后疫情时代，存量市场之下，年轻消费群体崛起，进入用户经营时代。这个时代以用户为中心，用户需求越来越个性化、小众化、圈层化、场景化。用户对产品也越来越"挑剔"，我们需要将产品融入用户的生活中，理解用户的生活。生活就是产品，产品就是生活。这时候的产品，要让用户觉得好看、好用、好玩、好晒。尤其是自媒体发达的今天，产品还要利于分享，分享就是去晒，晒产品就是分享生活方式。

这时候的产品价值不仅是要满足功能价值、体验价值，情绪价值，还要满足传播价值。

用户时代，产品有四大价值

超级单品要同时能够满足功能价值、情绪价值、体验价值和传播价值。

1. 功能价值

什么是功能价值呢？超级单品是不是功能越多，价值越高呢？

存量市场之下，不是功能越多，满足用户的需求越多，就一定是好产品。当一个产品功能越多，一般也会越复杂，会给用户对产品的理解、认知和使用增加负担，教育用户的成本也会越高。产品为人服务，人性是懒惰的，产品越复杂，用户学习成本会更高，付出就更多，购买的主观意愿就越低。

现状是，好多品牌产品的基本功能价值都做得不是不好，这样的产品几乎比比皆是，所有的行业，其实正在被极致思维重新改造一遍。

好的产品功能价值，需要满足如下三个方面。

（1）大道至简，少就是多

任何一个产品都不可能满足所有用户的需求，也不可能让所有用户满意，而人性偏向极致简单，我刚好需要你刚好有就行。虽然产品功能更多能实现功能的溢价，但会给用户认知造成干扰，或者用户不愿意为功能溢价去买单，最终导致的结果就是产品你觉得好，但用户就是不买单。

（2）深挖痛点，痛点就是核心卖点

超级单品就是要有核心卖点，并且核心卖点要清晰。卖点不明，往往就是因为痛点不明。

对于产品卖点的挖掘，传统做法是通过市场调研、用户感知、竞争对手分析等查找产品的卖点，但这样的方式已经过时了。

数智化时代，深挖产品的卖点，一定是先通过研究用户的生活方式来替代研究产品，把产品放到用户的生活场景中，在场景中找到用户的需求，需求后面一定隐藏着用户的痛点。我们要深挖痛点，痛点就是产品的卖点，卖点就是用来满足用户的需求，这样的产品就是有价值的产品。

在数智化的场景中，企业和品牌通过大数据的模式，收集用户的信息，通过用户画像了解用户的需求。

如厨具行业的方太和老板，家电行业的海尔和美的，很难说哪个品牌更胜一筹。为了区别，老板油烟机强调大吸力，油烟吸得更彻底，可能对中国家庭更有吸引力；海尔卡萨帝洗衣机强调的是空气洗这个产品价值，更适合丝绸等高级面料的洗涤。这些都是深入使用场景，对用户痛点挖掘后的产品核心卖点的体现。

（3）把核心卖点使用功能做到极致

产品之所以要有价值，其实就是给用户一个选我们而不选别人的理由，那么这个理由就一定要充分可靠，独一无二。

我们要围绕用户的使用场景，深挖其痛点，依此找准产品的卖点，并与产品的功能对应起来，把这个功能做到极致。要是这个功能做得不好，用户用得不爽，或者总是出现问题，即使别的功能再好，也得不到用户认可。

产品营销也要围绕这个功能卖点去经营和展开。这也是产品的标签、产品特性的体现。最终要实现产品标签、用户标签、内容标签、平台标签四签合一。

2．情绪价值

情绪价值，就是产品满足用户感情价值的需求，如给孤独的人提供温暖，给受挫的人提供鼓励，给弱者提供宽慰和勇气。

"人间没有单纯的快乐，快乐总夹带着烦恼和忧虑。"其实，不管多完美的人生，都难免经历异常艰难的时光，生活的压力、工作的失意、学业的压力等。

产品也跟人生一样，需要有其表达的情绪价值。人们对产品价值的追求已大大超出了使用价值的要求，必须追加新的价值，这就是情绪价值，让用户找到感觉，即所谓的情感消费，人们的情感消费体现着产品的情绪价值。

情绪价值也是一种心理价值，心理价值包含的内容较多，如情感表达、个性代言、精神享受等都是。

奢侈品就是情绪价值的产品，江小白的超级文案表达、可口可乐的昵称瓶、味全的拼字瓶，都是情感表达和个性代言。

3. 体验价值

体验价值跟功能价值一样，都是基础价值，也是用户直接能感觉到的价值。做好体验价值可以从以下四个方面考虑。

（1）购买体验

购买体验就是产品的敲门砖。购物体验就是购买体验。购物对很多人来说是一种令人愉悦的体验，映入眼帘的琳琅满目的商品，新鲜又时尚的装潢，以及购物环境的整体氛围，都会让用户觉得十分舒心和放松。

然而，购物除了带来快乐，也会引发一定的压力和焦虑。当用户从海量的商品中进行选择时，会感到迷茫和困扰，因为面对更多选择时，选择本身就是痛苦的。

所以，产品一定要做到高颜值，让用户一见钟情。颜值是终端第一竞争力，颜值高才是好购物体验。

（2）使用体验

超级单品，始于颜值，陷于品质，终于品牌。陷于品质，就是使用后，产品体验好，用户离不开。

使用体验也是对用户预期的一种管理，不能夸大宣传。如果产品介绍的功能跟产品实际使用的功能都不符合或者根本没有满足消费者需求，这就不仅是产品好不好的问题，而是用户和品牌之间的信任问题。和用户做朋友，信任是第一步，也是基础。

好的使用体验体现在质量好不好、功能对不对、细节好不好、包装设计美不美观、安全性有没有保障、售后有没有保障等。

（3）场景体验

好的场景体验能够让用户易于接受产品，也能够连接情感。

尤其是在当下，未来的零售一定是线上交易，线下是提供体验和交付的场景，这个时候产品的体验价值就很重要。在品牌的线下店铺，就要有品牌文化体验、情感价值传递、消费体验等。

去星巴克喝咖啡，我们喝的肯定不全是咖啡，而是场景、体验和文化。星巴克的设计师们借助咖啡，巧妙地将环境、建筑和人文联结为一体，创造出了各种打动人心的场景。很多时候消费者进店不仅仅是为了喝咖啡，而是为了场景中浸润的情感和记忆，它带给人的是一种放松、真诚、舒适的感觉。

（4）服务体验

服务体验是拉开与竞争对手差距的核心，也是关键。服务更是产品体验的核心，如：产品有没有试用方式，产品的保修政策，产品是否送货上门，送货速度怎么样，产品能否15天内免费退款，产品售后到不到位，等等。

一个真正的好产品，每个用户都能感受到它的体验差别。这种体验差别使得其与竞争对手区别开来，也是产品真正的魅力所在。

4. 传播价值

无论是产品的功能价值、体验价值还是情绪价值，都要有利于产品的传播。

传播是产品触达用户的方式之一。传播价值，才是数字化时代产品的关键。传播价值有两层含义，一是用户愿不愿意去传播产品的价值，产品有没有可传递的内容、品牌价值等；二是产品本身能否作为传播的载体，如智能硬件就能很好地触达用户。还有在产品包装里植入二维码，用户可以通过扫码参与品牌的活动：抽奖、分享、裂变、定制、售后等。

小牛电动车的线下体验就有别于其他的电动车门店，用户愿意拍照晒朋友圈，形成了传播力。小牛电动作为国内第一家以互联网为切入口的电动自行车制造企业，致力于为用户提供更好的骑行体验，追求让智能电动自行车成为一种生活方式。小牛的模式，对电动自行车行业形成了降维式打击。

首先，小牛给了线下店老板一个新的称呼——"城市合伙人"，小牛希望与新的城市合伙人一起，大力共建线下布局，以自身的模式，带动整个电动车产业，对线下店展开优化，让线下店老板获得更多的盈利机会，有好好经营用户的动力。

其次，系统性规划和设计布局的线下体验店模式。体验店除了常规的产品展示、体验、售卖和维修服务外，配合小牛新型线上线下社群的消费生态，体验店还能作为"牛油"（小牛粉丝群）线下活动和小牛课堂的指定场所，这样就有了传播人群、传播方式和传播内容。

传播价值大于传播产品本身，线下店面不仅能为用户提供更专业、更便捷的服务，实现小牛电动所提倡的"NIU 文化"，同时会有更多新的产品和更加优惠的政策给到线下，一切以为用户提供更好的销售渠道与服务，为更多人带去利益为根本。这样不管是城市合伙人还是用户，都有了传播的动力。

在新营销阶段，如何让超级单品拥有四大价值，才是真正需要考虑的产品之道。如果仅仅考虑把产品做好，就会有识货的人购买，已经落了下乘。

能被感知，才算产品价值

为什么产品很好，用户却只看不买？

在竞争激烈的市场环境中，将产品的四大价值体现出来对于企业的成功至关重要。那如何来体现呢？

既然产品价值是由用户的需求来决定的，那这些产品价值也需要以用户的感知为核心去体现，能被用户感知到、接收到的才叫有效产品价值，否则就是无效的。

用户只会对对自己有用的、自己需要的、自己认知范围内的产品才有感知。而用户是分层的，产品也是分层的，产品价值更应该是分层的。

现状往往是，产品快出来的时候才挖掘产品的价值，或者直接把产品推向终端，让销售人员去发掘产品的价值，这就大错特错了。这时站在产品本身讨论价值点其实意义并不是很大，挖掘出来的产品价值也并不一定是用户想要的，而是站在生产者的角度想当然地去做出来的产品价值。结果是，产品价值点与用户需求并不适配，用户只看不买。

另外还存在两种错误认知。一种认为产品的价格就是价值，总是在价格上做文章，而真正的产品价值是用户感知得到、需求被满足的过程，表现为用户愿意为自己感知到的产品价值买单的意愿有多强。另一种认为产品价值由成本决定，把企业所有的成本累加起来给产品定价。其实这个跟用户一点关系都没有，每个企业的经营水平完全不一样，成本价格也是千差万别，很多时候有的企业发现自己产品的出厂价比别人的零售价还高，不是市场出了问题，而是一开始自己的方法就错了。

那么产品价值究竟如何体现、如何衡量呢？

产品价值由用户感知来体现，体现在四个方面：有价值、可被感知、有差异性、易于传播。

1．有价值

品牌通过给客户展现看得见、摸得着的价值内容，从而让用户快速地感受到产品价值，建立信任，做出购买的决策。

以王老吉为例，怕上火喝王老吉，去火就是价值。再以六个核桃为例，常用脑就喝六个核桃，补脑是价值。茅台，满足的是优越感和炫耀性的情绪价值和收藏品的资产价值。房子满足的是居住的功能价值和大宗不动产投资的资产价值。

2．能被感知

一朵花香不香，一碗面好不好吃，一个人颜值高不高，自己说了不算，都得交由别人评价。产品价值也是一样，不是自我评价的产物，而是用户感知到的价值。不能自我感觉良好，而要用户说了算。

同理，产品价值一定也不是自我评价的产物，得走出自我满足的泥潭，把评定的权利交给用户，让使用者给出自己心里的答案，并及时跟踪反馈，改进产品。

同时，也不能追求模模糊糊的评价，用更理性求真的态度丈量自己的产品价值，才有后续价值变现的底气，乃至规模化扩张的基础。

3．有差异点

现在的消费市场是一片红海，不管你找什么商品，无论在线上还是线下，都有无数的选项，用户经常是很难选择的，所以，同质化竞争是完全没有出路的。

怎么从同质化的商品里面脱颖而出？答案就是产品的差异化。差异化才是核心竞争力，才是塑造产品价值的关键。

产品价值是由产品的功能、特性、品质、品种与样式组成，并赋予其精神或意义所产生的价值。产品价值由用户需求决定，用户对产品有不同的需求，因此，针对不同的用户、不同场景、不同需求、不同地域，产品价值都会有不同程度的差异。

人的需求是分层次的，产品因为满足用户的各种需求才被赋予价值，所以产品也是分层次的，产品价值塑造也应该分层次、有差异。

4．易于传播

产品价值要让用户清晰、明确地知道，他们才能更快做出购买决策。产品价值还需要更有效的方式去做传播。我们可以通过给产品起一个好听的名字，想一个顺口、易懂的广告语，拍一段温馨的视频，为产品扩散式传播打好基础。

产品价值，以产品标签体现

产品价值如何快速体现出来，并且精准地传递给用户呢？

这就需要把产品的价值用价值点表现出来。价值点有强有弱，超级单品打造的就是超强价值点。超强价值点可以通过价值曲线工具找出来，并且将超强价值点标签化，实现产品标签、品牌标签、用户标签、内容标签以及销售平台或渠道的平台标签的五签合一，一一对应。

什么是超强价值点？

所谓超强价值点，顾名思义就是在产品定义里面，在不同品类要素中挑选出来的产品价值中最大的亮点。

超强价值点，就是传递给用户的产品价值，也是用户购买决策的决策点，是用户选我们的产品而不选别的产品的理由，也是区别于市场同质化产品的关键点，所以超强价值点十分重要。

超强价值点，必须同时满足 4 个条件，就是：有价值、能被感知、有差异点、易于传播（和之前的价值要素一样）。也就是说，要有真价值，价值能被用户感知到，与市场其他产品做出差异点，超强价值点经过包装后易传播和扩散。

如果不能同时满足这4个条件，那就不算是超强价值点。要找到产品超强价值点，我们可以使用价值曲线和第一性原理两个工具。

好工具1：价值曲线

当下产品的同质化越来越严重，一个小小的产品或者服务，动辄就有几百个品牌、几千种产品进行竞争。除了杀价格，市场也没有什么更高明的打法。

但是，多年的营销经验告诉我们，提供完全同质化的产品或者服务，是不可能获得更高的利润或者做出优秀品牌的，只能一时做点小生意。同质化严重的竞争，会使得企业利润越来越少，到最后一些企业甚至会面临生存压力。

面对这样的情况，企业不能继续在原有市场的基础之上惯性发展，这样只会消耗原有的积累，而是需要去开辟新的赛道，或者换种方式竞争，也就是前面提到的，重新定义赛道，从"红海"中找到"蓝海"市场去发展。最好的竞争，就是不竞争。

定位理论也告诉我们，只有通过差异化策略，锁定一群稳定并且忠诚的重度顾客，企业才能获得持久发展的动力。

以往品牌要增长，往往从品类占位（竞争导向）或用户心智洗脑（功能导向）的角度去思考和切入，借助大笔营销投入，实现品牌增长或者市场占有率的提升。

面对新的存量市场博弈竞争，老打法的弊端越发凸显，投入增多，对产品销售额的提升却不明显，导致投入越多，亏损越大。肉眼可见的是，巨大的研发、营销等的投入与微薄的销量之间的巨大错位，无疑成了"越努力越幸运"的反面典型。

这时候，就需要反其道而行之，不去过分盯着竞品，不去竞争功能、配置，不去堆料，而是聚焦用户更多的价值点，去创新发展。

超级单品模式就是通过差异化竞争、高性价比，找到品牌忠实的天使用户，通过裂变产生更多销售购买，持续推动品牌的增长。

那么，超级单品如何在同质化的产品当中脱颖而出，形成自身的优势和竞争壁垒呢？就需要有明确的产品竞争策略。产品竞争策略，就是由价值曲线和第一性原理两个工具来思考和打造的。

什么是价值曲线？

价值曲线是一个经济学的基础理论模型。

价值曲线就是衡量产品或服务强价值点的方法，通过将产品或服务与竞争对手的产品或服务进行比较，分析产品或服务的强价值点是什么，如何与竞争对手拉开差距。帮助企业了解其产品或服务在市场中的地位，以及相对于竞争对手的表现，从而为消费者提供有价值的购买决策参考。

价值曲线是客观存在的，是通过用户研究之后总结得出的。

每一个产品都应该有一条自己的价值曲线，当一个品牌多个产品的价值曲线完全相同时，说明每个产品给用户提供的价值是完全相同的，也就是同一品牌下的产品首先是在和自己的产品竞争，这就是内耗。

价值曲线，能让企业识别出大量的用户需求，然后定义出超级单品的第一特性。超级单品的最终交付，就可以根据用户的需求强度来进行设计。

如何绘制价值曲线？

价值曲线由横纵两个坐标组成，纵坐标是用户对产品特性需求强度，横坐标是产品特性，也就是价值点。如图 6-1 所示。

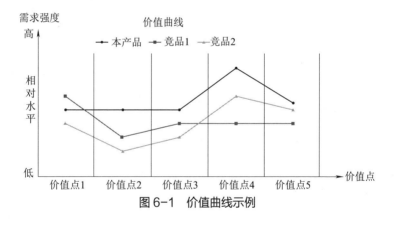

图 6-1　价值曲线示例

价值曲线的绘制，以确定用户为基础，所以用户群体一定得是正确的。需要把目标客群对齐后再进行进一步的价值维度梳理和分析，避免站在错误的目标用户视角去梳理价值曲线，这样会导致后面的工作都白费。

第一步，启动对产品价值点的分析。

我们需要对产品为用户提供的价值进行"删除—增加—减少—创造"的动作，从而形成新的价值曲线。

- 删除：竞争对手有，但用户并不在乎的价值点。
- 增加：竞争对手没有，但用户希望有的价值点。
- 减少：竞争对手有，不是很重要，做低配或够用就行。
- 创造：创造出新的价值点。

绘制价值曲线，按图 6-2 所示步骤进行。

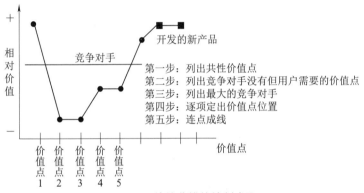

图 6-2　价值曲线的绘制步骤

好工具 2：第一性原理

品牌的持续增长，是超级单品肩负的使命。营销、模式化、抄袭、流量等驱动的增长，是短期效应，持续的增长就是给用户创造价值，满足其需求。持续的增长能力，就是超级单品的经营能力，就是企业创造价值的能力。

当下很多企业的经营就是跟风、抄袭、急功近利、人云亦云，这些做法在以往经济高速增长、增量市场之下，可以获得短期利益。但在存量市场之下，很难继续下去，需要回归商业本质，以人为本，回到用户的原点，换种方式去解决用户的需求，而不是在同质化的红海中，苦苦挣扎。想要避免价格竞争的囚徒困境，构建新的产品价值竞争格局，就需要用到"第一性原理"。

古希腊哲学家亚里士多德最早提出"第一性原理"，他认为"在每个系统都存在第一性原理，它是最基本的，不能被忽略或删除，也不能被违反的"。

马斯克是一位固执的"第一性原理"思维执行者，他运用"第一性原理"思维颠覆了无数个行业，把自己的幻想变成了现实。

"第一性原理"是自然第一原则，是事物最原始的本质规律，不能从人和规律中推动或者总结出来。

通常，我们做许多思考和分析都是站在别人的成就、发现和假设的基础上。但是"第一性原理"思维抛弃了跟随思维，破除种种假设，抛弃惯例，拨开其他人的意见和诠释，回归事物的本质进行思考。

如特斯拉研制电动汽车期间曾遇到一个难题：电池成本居高不下。当时储能电池的市场价格是每千瓦时600美元，这个市场价格很稳定，短期内不会有太大的变动。

但是马斯克从"第一性原理"角度进行思考：电池组到底是由什么材料组成的？这些电池原料的市场价格是多少？如果我们购买这些原材料组合成电池，需要多少钱？

这个答案是，每千瓦时只需要80美元。

从最本质出发，研究电池都是由什么材料组成，再推算这些原材料加在一起的价格，从而得到电池的最低价格，通过这样的思维方式，马斯克让电动车的商业化成为可能。

多数人考虑问题的出发点是这件事情的现有情况是既成事实，我无法改变，但是马斯克的想法是，如果这件事在物理层面行得通，那么我也能做成。

"第一性原理"被理解成每个产品都有一个最基础的功能，它不能被忽略，也不能被删除，如微信的通信功能、淘宝的购物功能，这些最基础的功能往往就是用户最本质的诉求。

"第一性原理"可以帮助超级单品重构价值曲线，提升产品价值竞争优势。

"四好"：好看、好用、好玩、好晒，才是用户心里的好产品

从用户视角出发，产品的四大价值具体表现为：情绪价值就是好看，功能价值就是好用，体验价值就是好玩，传播价值就是好晒。如图 6-3 所示。

图 6-3　产品的四大价值与具体表现

所以，在用户心目中，一个好产品就应该是好看、好用、好

玩、好晒，面面俱到，缺一不可。

好看

1. 好看，就是高颜值。高颜值可以使用户情绪舒畅、愉悦

超级单品的情绪价值就是通过好看影响用户的情绪，给用户带来心情舒畅、愉悦、稳定、幸福的感觉。

用户为什么会更加喜欢比较好看的产品？人其实是视觉动物，好看是影响用户使用体验的一个很重要的因素。一个好产品不仅需要拥有良好的使用价值，更需要优秀的界面设计和视觉设计。

好看，也是好用。用户通常认为拥有美观设计的产品会更好用，对一些较为轻微、影响较小的可用性问题的态度也会更加宽容。

2. 打造好看的情绪价值，开启超级单品增长的新曲线

近几年，随着数字化技术和智能制造业水平的不断提高，诸多行业逐步成熟，行业产品的功能也越来越完善。

随着行业竞争不断加剧，竞争完价格竞争配置，竞争完配置竞争堆料，产品同质化严重，低频冗余的"内卷"现象越发严重，产品功能过剩且无效。最典型的要数手机行业和汽车行业。叠加市场需求饱和，行业由增量市场变为存量市场之后，这种零和博弈的现象也越发严重。每个品类、每个小赛道，都有无数企业竞争，各品牌之间差距不明显。

这时候我们就不要总盯着竞争对手，而是要另辟蹊径，回归商业本质，以用户为中心，从用户情绪价值和用户场景的角度思考，反而更容易脱颖而出。

如 LV 的包包质量更好吗？不一定，但更重要的是，它传达给用户的是一种好看、自我满足、可以对外炫耀的情绪价值。耐克的鞋子更好吗？更不一定，但是它对外传递的"just do it"理念，可以让你产生自我激励或自我认同的情绪共鸣。

3. 好看，传播的就是正面情绪价值，是治愈一切的良药

高情绪价值的人，会给人带来舒适、愉悦的感觉。低情绪价值的人，会给人带来压抑、苦闷的感觉。

大家都喜欢和充满正能量的人一起。做超级单品也是一样，要一身正气，传播正能量价值，不管是产品的名称、描述、广告语，还是品牌传播的信息、营销内容的打造，都需要传播正能量、积极向上的价值观。为了拉升关注和营销热度，在网上互骂、吵架、打价格战、写黑稿、互相攻击，其实都是传递负面情绪价值，这就不是好看，是丑。

如段永平给步步高定的企业文化里，有一条是不攻击竞争对手。OPPO 和 vivo 确实也做到了，这也是步步高这个品牌的价值。有这个品牌价值，也才会有它们今天的长足发展。

好用

好用，就是产品的使用价值，满足用户基本的使用需求，这也是所有产品的基础属性之一。每一样商品都具有使用价值，这

也是其能成为产品的关键，是人们劳动和智慧的结晶。鸭绒被可以用来盖，吸尘器可以用来打扫卫生，按摩椅可以用来按摩身体，智能手机可以用来打电话、拍照、上网。

好用就是通过超级单品，让用户的生活更舒适、方便快捷和高效。

用户对使用价值的需求，有些是隐性的，有些是显性的。隐性的就是用户不说，默认为产品必须具备的，这些往往是基础的，也更为重要。例如产品的品质，产品的安全性，售后服务保障，品牌的诚信、可靠，等等。

显性的就是在隐性的基础上，用户有明确需求的部分，这也是产品溢价的部分。产品同质化的当下，需要更多的显性价值的创新。

好玩

好玩，就是有趣，让产品变得有趣，给用户更好的体验和感受。

好玩的产品会让用户上瘾，好玩有趣让用户形成依赖。当大脑试图走捷径而不再主动思考接下来该做什么时，习惯就养成了。

好玩有趣的功能也可以让用户通过产品获得愉悦感，增加用户探索产品的欲望，特别是如果你的产品是一个需要用户大量体验才会觉得爽的时候。好玩有趣的功能还可以增加产品的传播速度。如微信的彩蛋和摇一摇，唱吧分享"我的得意之作"，拼多多的砍一刀，等等。

什么样的产品用户会觉得好玩，有好的体验呢？

1. 有创意

好玩，就是让产品具有创意。

好的产品创意可以吸引用户的注意力，脱颖而出，在满足用户需求的基础上，实现一定的盈利和变现。产品要富有创造性，具有创意，让用户耳目一新。

以智能水杯为例。水杯的功能价值就是满足我们喝水的需求，给水杯加上刻度，再加上智能喝水记忆模块，告诉用户一天喝了多少水，应该喝多少水，并且时不时地提醒用户喝水，并写上鼓励用户喝水的便条，激励用户喝水，产品一下子就好玩了，有了体验价值。这就是富含创意的好玩有趣。

2. 有互动

好玩，就要和用户建立起良好的互动和沟通关系。数字技术的发展，让我们和用户之间建立起数字化的互动连接关系，已经不是什么难事。小米提倡的用户"参与感"，就是好玩里的有互动，让用户参与到产品的开发设计，参与到产品营销中来。

如何能让用户愿意互动呢？

首先，要有清晰有效的产品描述。需要简明扼要地描述产品的特点和优势，突出产品独特价值，避免使用冗长的技术术语。从客户的角度出发，强调产品能够解决的问题和带来的好处。

其次，要有实际案例和证据。通过真实的案例和实证数据，可以更有说服力地展示产品的独特价值。这些案例可以是用户的成功故事、产品的使用结果、专业评测等，能够让潜在客户更加信任和认可产品。

再次，要有用户评价和反馈。引用用户对产品的评价和反馈，可以有效地传递产品的价值。这些评价可以来自用户的口述、写作或社交媒体上的评论，展示产品的实际效果和用户认可度。用户购买产品后的评价，就是一个很好的用户互动方式，好评、差评精准反馈用户的心声。

3．有利益

人生就是利益交换的过程，你对我好，我会加倍对你好，这就是人性。要让用户参与到好玩互动的过程中来，让用户替你说好话，就必须给用户利益点，用户才会觉得自己的付出有收获。

要让用户参与互动，就必须有利益，软件产品的用户利益不难设置。互动小游戏、领优惠券、派发红包、登录积分、礼品换购等，都是方法。春节微信派发红包就是这样。

数字科技发展到今天，软硬件结合的产品才是好产品。所以，实物商品加强软件互动的开发，也是快速吸引消费者，并牢牢"黏"住消费者的重要方法。

4．可感知

能被用户感知到的，才算真价值。好玩也是一样，要让用户有感知。

洛斐圆点蓝牙机械键盘，为了抓住女性用户，它的设计用了Q萌的外观、简单温馨的色彩，比较有代表性的是马卡龙女神限量款，一下子让键盘有了绽放的感觉。

智能手表通过表带、表盘、主题等，让大家感觉到智能手表的

新奇、时尚、活力等。小米手表 color2 代，其金属不锈钢边框、1.43
英寸的屏幕显示更多信息，不仅有着多彩的表带，还有丰富配套
的主题和表盘，就是让青春不单调，就是让好玩看得见、摸得着。

商家经常打折促销宣传，如全场直降、折上折、大减价、
打六折、全场半价等，用户多半会选择全场半价，因为它带来
的感知是最直观的，对比最明显。

酒店行业为了缓解用户出门在外的陌生感和不安全感，就需
要建立熟悉的"家"的感觉，让用户能够体验到"到家了"的那
种情绪释放的感受。这就是酒店行业用户可感知的体验价值。

好玩，不是促进用户消费的手段，而是真真切切给用户带来
实实在在的价值体验。

好晒

晒就是分享，但用户分享的不一定都是正面的产品信息，很
可能是产品使用体验不好，有问题，遇到了困难没有被很好地解
决，而去发泄式分享。

用户愿意分享的内容有好有坏，不好的内容传播更快。

所以，好晒应该分两个方面，一方面就是让用户把好的产品
使用体验、功能等分享给有需要的人，另一方面，也是更为重要
的，就是对负面分享的管控。因为一个负面分享可能需要几百个
好的产品使用体验分享去抵消。

对负面分享的管控极其重要，需要放到企业的经营角度去考
量。用户反馈的负面内容，都是企业的薄弱点。

那我们怎么让用户感到产品有意思、有趣、有情感、有温度，

从而愿意分享、爱上这个产品呢？让用户主动分享传播产品，才是关键。但用户是有惰性的，且有自我安全保护意识，一旦分享就意味着一种责任。一般情况下人们是不愿意分享的，即使产品非常好。推特每 31 条才转 1 条，脸书分享率只有 0.5%，由此可见每个人都很吝啬，我们要怎么激发用户的分享欲望呢？

首要前提是产品具有分享基因，即具有能激发用户分享欲望的因素。分享基因一般包括如下四方面内容：

- 实用：用户愿意把有价值、有思想的内容传播给别人。
- 跟自己相关：多数人分享是为了让别人了解自己，知道自己关心的人和事。
- 自我满足或者寻求关注：换言之就是得到别人的点赞和评论。
- 刷存在感：通过证明自己关注社会和时事，获取存在感。

这四方面，反映了用户的两种需求——社交和炫耀，这就是传播基因，好好把握住就可以解码主动传播。

对于产品的四大核心价值和好看、好用、好玩、好晒，可以用如表 6-1 所示的工具去分析。

表 6-1　产品四大价值体现分析

品牌视角	用户视角	有价值	可感知	有差异	易传播
情绪价值	好看				
功能价值	好用				
体验价值	好玩				
传播价值	好晒				

"三高"：只有高颜值、高品质、高性价比的产品才能卖爆

产品"三高"，就是同时满足高颜值、高性价比、高品质，让用户一看就喜欢，一看价格也买得起，买回家一用就离不开（图6-4）。

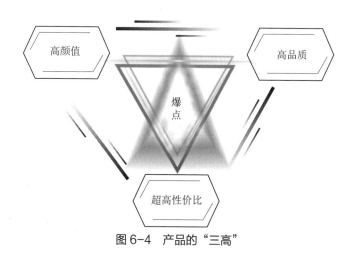

图6-4 产品的"三高"

高颜值

颜值即正义，爱美是人的天性。我们经常提到一见钟情，其实一见钟情见的就是"色"，就是颜值。要是没有"色"，没有高颜值，十见也不一定想多看一眼，更别说钟情了。这是人性。

产品也是一样，如何让用户对产品一见钟情呢？首先产品必须有"色"，产品的"色"就是颜值，就是高颜值。

女性是家庭消费的主导，家庭消费的 70%~80% 是由女性决

定的，电商消费用户人群超六成是女性，且是年轻女性。

而女人购物更好"色"，也就是产品的颜值。消费品行业有个不成文的"用户价值歧视链"：女性＞儿童＞老人＞宠物＞男性。很多产品和营销的逻辑都建立在这个基础上。比如以女性用户为主的小红书被认为是营销金矿，"直男"大本营知乎和B站的商业价值则要低得多。

线下商家也倾向于讨好女性，创造各种节日来制造消费狂欢。女性主导流行消费文化，这在当代社会是一个大致正确的结论。

女性购物80%的购买决策都是感性的，影响女性做决策的核心要素就是颜值。如小米的彩虹电池，就是依靠彩虹般的色彩，突破了电池的固有认知，把一个平淡无奇的产品做得闪闪发光。其色彩靓丽的外观瞬间就会吸引用户的注意，用户会不经意地问：电池怎么会这么好看呢？

再看其价格，每盒十粒9.9元，用户一般想都不想就会直接放到购物车里。为了让用户更好地看到产品的靓丽，收纳盒也做成了透明状。当用户在家里使用电池时，孩子就会好奇地问，电池怎么长得这么好看，久久都不舍得放到自己的玩具里使用。

当电池使用完之后，小孩子也不愿意把电池扔掉，而是收集起来，有空的时候拿出来当彩色积木来玩。之后，这个家庭使用的电池就会一直是小米的彩虹电池。

颜值是终端第一竞争力，也是生产力。在千百万的陈列商品里，能让用户一看就能看到你、认出你，产品就要有与众不同的颜值，不能千篇一律。

对产品颜值的追求，其本质就是消费者审美水平和能力的提升，是消费升级。所以，品牌追求颜值的本质，是追求审美认同。一件东西好不好看，俨然已经成为货架决策力的重要影响因素，而一个品牌有没有审美，也已经成为是否拥有忠实拥护者的衡量标准之一。

现在的核心消费人群——新女性，随着生活水平的不断提升，对于视觉效果的要求只会越来越高。颜值高的东西更能抓住她们的眼球。

颜值最重要的是要有文化底蕴作为承接，才能真正沉淀为品牌的增长资产，从而达到拉升销售的目的。如小家电产品，在消费习惯、用户对品牌认知都已经接近固化的销售环境中，之所以能够异军突起，就是依靠颜值，做到与众不同、色彩靓丽，一下子就可以抓住年轻、时尚的女性用户人群。

用户更喜欢为高颜值的产品买单。随着物质产品的极大丰富，以及用户群体的审美提高，颜值经济时代全面到来，人们乐意为高颜值产品买单。每个品牌打造的设计语言也成了各大品牌深入思考的问题。

高颜值是吸引消费者注意力的重要因素之一，同时也是品牌形象的体现。好的产品也要有好的颜值，这就像产品推广时都会请明星代言一样。同类产品不仅要拼质量、服务、售后保障等，颜值高同样会增加竞争力，用户也会更愿意选择有颜值的产品，为长得好看的产品多掏钱。

如布丁产品。大家记忆中的布丁是用塑料透明壳包裹的黄色布丁，千篇一律，毫无美感。但当换成可降解的纸质外包装，把布丁做成 12 个小动物的卡通形象后，它就变得既环保又好看，重点这种设计还解决了复购的问题，今天吃大象小布丁，明天吃熊猫小布丁，后天吃小猪小布丁，总会把 12 种动物吃全。吃不停，复购也不停。

高颜值不仅要让产品变得好看，还要简单、实用、好用、便捷，这才是真的高颜值，不能因为颜值牺牲好用。两种空气净化器，前一种瘦高，后一种矮胖，视觉上肯定瘦的好看，但这不是重点。重点是，前一种空气净化器一键操控，只需要打开或者关闭，就有完美的使用体验，且可以手机远程控制。而后一种空气净化器需要 21 个组合键操作使用，才可以收获完美的使用体验。试想一下，后一种空气净化器的使用学习成本、实用性、随空气质量变化的适用性，都需要手工去调整，那得多繁杂，很多用户看到这么多的操作键都会头疼。

如何做到高颜值呢？可以从如下四个方面、十个维度去展开。

1．产品设计

色彩搭配：产品的高级感通过色彩搭配来体现

很多人喜欢的蓝天、白云、大海、草原、沙漠、极光等，都是大自然的杰作，它们都有完美的色彩搭配。做产品也是一样，要有好的色彩搭配，才有高级感。

色彩也是产品设计中比较直接并包含情感因素的视觉元素，承载着传递给用户重要信息的功能，其直接体现了产品要表达的情感。

如苹果每年都以独特的色彩来引领整个手机行业设计的色彩变迁，每年 iPhone 新机推出，卖得最好的也是新颜色的机型。

质感突出：就是人或事物所表现出来的可以被快速感知的真实感

"质"即质地，"感"则是感觉。能描述其质感的，对象包括人和动物，也包括我们肉眼可见的宇宙万物。光滑与粗糙，细嫩与老气，清新与黏稠，湿滑与干涩，尖利与圆钝，柔软与坚硬，香甜与酸楚，这些都是质感的表述。

那么，什么样的质感才是最为出色的质感呢？

以衣服为例，丝绸服装可以带来丝滑的质感，纯棉服装可以带来透气而雅致的质感，聚酯纤维服装虽然顺滑，透气性却比较差，所以质感看上去很好，但想到它的缺陷，我们就不免感到不太舒服。

当事物表现出真实、纯正且符合观察对象心理需求的质感时，这时候我们就可以说这是非常出色的产品质感了。

质感的决定因素很多，不同的材质、不同的质量、不同的加工工艺、不同的线条、不同的色彩和光线，都会影响到产品质感的表现。

如手机后壳可能由塑料、金属、陶瓷、合金甚至黄金等制成，就分别对应不同的质感。

年轻化、个性化、健康化、智能化，是核心产品发展方向

年轻人的生意，才是长期有效的生意，随着"90 后""95

后"的消费能力增强，他们拥有更多时间和金钱可以花在自己感兴趣的事物上。年轻人群消费更加个性化，只愿意为自己喜欢的事情买单。

一个品牌的时尚化就是年轻化，而一个品牌的年轻化，就是要适应不断变化的消费者环境。

后疫情时代，年轻人的健康意识觉醒，新产品设计也更要注重健康理念。

无智能不产品，智能化是现代人类文明发展的趋势，也是未来产品发展的核心方向。产品智能化，顾名思义，是指应用了智能化技术的产品。这些产品涵盖了日常生活中的各类电子产品，如智能家居、智能穿戴设备，以及生产制造领域的自动化设备、机器人等。通过智能化技术，这些产品能够更好地满足人们的需求，提升生活质量，提高生产效率。

2．感性认知

外观视觉独特：产品的外观造型设计成为吸引消费者注意的重要因素之一

产品外观设计就是一个不断创新的过程，通过现代科学与文化艺术相结合，对产品的外表进行设计，通过产品的形状、图案、色彩的结合做出富有美感的产品。

独特的产品外观设计是创意和功能融合的艺术，不仅是产品的外在表现，更是企业在市场中吸引消费者目光的秘密武器。在竞争激烈的商业世界，独特又可实现的设计概念成为塑造品牌形象和引领市场趋势的核心要素。

外观设计突出和提升，也是市场竞争的核心要素。如以前的酱油瓶，大多为直口设计，很难把握倒出来的量。随着设计的改进，盒马出售的所有调料产品，都是限量盖，倒多倒少，随意把控，一下就拉开了与对手的距离。

包装设计新颖，就是给用户惊喜感

包装设计新颖，可以让用户拿起时就会感受到惊喜，也会成为用户难忘的体验。用户不仅可以获取有效的品牌或产品的信息，并且还能增加愉悦感和体验感。

3．视觉呈现

品牌符号传递，用户只为与自己审美相匹配的品牌买单

品牌传递的符号一定要简单，越是简单的符号，越是能被人记住，如巴宝莉的方格子、耐克的对号、阿迪达斯的三道杠，都是非常易于识别和传播的符号。

品牌传递的符号，一定要符合品牌定位的人群审美和喜好，虽然这是一把双刃剑。因为品牌认知一旦形成，就很难改变，用户群也会逐步固化。比如小米的"米粉"，苹果的用户，华为的用户，都会比较固定，虽然会彼此转化，但很难破层。

小米手机对高端的探索就是对品牌认知的突围。雷军在一次演讲中也提到了小米手机的高端探索之路。小米手机的高端探索起始于小米 10，这代产品取得了不俗的成绩。然而接下来的小米 11 系列却遭遇了重大挫折，让整个团队备受打击。紧接着，小米 12 的努力也未能达到预期。意外的困难和遭受的巨大挫折使公司内部充满了沮丧情绪。因为在这样的年度旗舰机型中，不

达预期的亏损基本达到十几亿元甚至更多，这显然是无法承受的压力。然而，雷军强调了小米不放弃的决心和信心。他表示，小米手机一直致力于技术创新和产品升级，希望能够在高端市场中产生更大的影响力。

加入文化元素，文化回归更为自信，国潮、国粹、国货更容易吸引年轻人

品牌设计要有文化内涵，产品设计要体现文化元素，尤其是中国的传统文化元素。

随着我国经济的发展，国产商品品质提升，年轻消费群体崛起，文化更自信，用户变得更喜欢具有中华传统文化色彩的产品，国货、国粹、国潮进一步崛起。

当然，中国的企业和企业家也应该肩负起传递民族文化的重任，让品牌和产品传递中华文化，走向全球。

与 IP 元素结合：好的 IP 可以带动品牌认知提升

品牌和产品融入知名 IP 元素，可以快速提升品牌认知，带来流量，带动产品的销售。品牌与 IP 的高速融合也会创造出一些新事物，故宫周边文创的口红产品就是中国文化元素与文创 IP 的完美融合。

4. 营销需求

场景适配：不仅产品本身看着好看，放在应用场景中更显得好看

产品设计一定要周全考虑应用场景的适配，比如家电产品色彩要适配家装设计，家装产品设计更应该考虑家电能否协调。在

满足实用性的同时还要兼顾智能性和舒适性，实现多场景适配。

展示突出，终端陈列展示的颜值，也是在产品设计的时候需要考虑的。在浩如烟海的货品中，能让产品一眼就被用户看中，就需要展示突出。

设计产品的时候，也需要通盘考虑展台、展柜、商场环境等。通过展台的造型设计、色彩设计、材料设计、场景设计，更好地突出产品的特性，更好地展出产品、突显产品。通过道具设计和展品展示，提高参观者对展品的兴趣，增加购买欲望，促进消费。

产品颜值是起点，用户体验是终点

产品的颜值有着不可忽视的力量，这一点是显而易见的。毕竟，"爱美之心人皆有之"，美好的事物总能激发人们的消费欲望，也让大家不再掩饰自己的"颜控"本质，愿意为"颜值"买单，让"颜值经济"成为消费升级的重要方向。

但产品也不能只顾着好看，那只会华而不实，中看不中用。产品一定要美貌与才华兼备，才能对得起用户的信任。颜值只是起点，只是为了吸引用户的关注，让用户看着心情舒畅，同时与环境相协调。始于颜值，陷于品质，忠于品牌，这才是品牌追求的核心目标。

高性价比

性价比，就是商业圣经

首先我们来看看什么是性价比。性价比是指一个商品或服务的性能与其价格之间的比值非常高，即以最低的价格获得最大的性能收益。它是一种经济学理论，用于评估价值和成本之间的关系，不仅适用于商品，也适用于其他领域，如旅游、投资等。超高性价比意味着以最小的投入获得最大的产出，是一种高效利用资源和获得最大效益的方式。

从性价比的定义我们可以看出，所谓的性价比，即性能价格比，属于商品的性能值与价格值之比，更是反映物品可买程度的一种量化的计量方式。

性价比的具体公式如图6-5所示。人们在购买产品时，都会选择性价比高的产品购买。

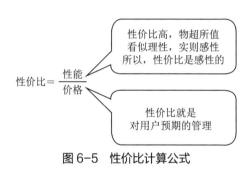

图6-5　性价比计算公式

从图6-5公式的分析可以看出，性价比不是一个准确的数值，而是一个概念。性价比高，物超所值，看似理性，实则感性，所以性价比是感性的，我们可以从用户预期管理来让用户感觉到性价比高。让产品在同等性能的同类产品中价格比较低，而在同等价格的同类商品中性能又比较高，这就是高性价比。

让用户感觉到用比较少的钱买到性能较高的商品，产品性价比高，还能给用户带来惊喜和愉悦，这样的产品就是具有超高性价比。

所以，高性价比就是物超所值、价格厚道，超高性价比就是性能感动人心、价格厚道（图 6-6）。

$$高性价比 = \frac{性能}{价格} = \frac{感动人心}{价格厚道}$$

图 6-6　高性价比公式

高性价比，就是商业竞争法宝

那么，性价比高，是不是越便宜性价比越高？是不是用户觉得越便宜越好？其实都不是，性价比高并不代表购买的物品就便宜或者昂贵，一般来说，性价比高相当于更划算的意思。

小米就是依靠高性价比制胜的企业。雷军曾说过："性价比是商业圣经，是每个公司竞争的法宝。"

我们先来看看，在央视财经《云顶对话》第二期节目中，雷军是如何就性价比、冲击高端、品牌溢价谈自己的看法的。主持人问道："高性价比已经成了小米的理念，怎么就成了一个不合理的溢价的粉碎机了？现在还能继续做下去吗？"雷军回应道："我觉得性价比是商业圣经，是每一个公司竞争的法宝，除了奢侈品我不了解以外，几乎所有的公司的策略都是性价比。"雷军接着解释道，因为之前大家购买力有限，买东西只要功能差不多就行，越便宜越好，就导致出现了大量的山寨货。2010 年创办的时候，小米就有一个伟大的想法：发起工业界的效率革命，"你要把一个东西做得又好又便宜，如果没有技术创新，你是做不到的"。雷军称："我今天遇到最大的误解就是：你们要冲击高端，性价比行吗？"雷军以小米100英寸电视为例，讲到小米起初做100英寸大电视的时候，每台电视要亏五六千元。但他笃定这个产品未来一定有规模，做到一定时间肯定挣钱。现在小米的98英寸、100英寸电视卖得非常好，市场销量占比很高，正是小米当时敢于以竞品1/10的价格定价，才带动了巨屏电视在国内的普及。

我们从雷军的讲述可以看出，小米是以技术为本，性价比为纲，做最酷的产品。小米的制胜法宝，就是用技术革新将性价比发挥到极致。

所以，高性价比就是让消费者感到"感动人心，价格厚道"。高性价比，也是零售业的成功密码，是存量市场抓住用户的核心方法。

五步法，做出最高性价比

那么我们如何做到高性价比、超高性价比呢？一般有如下五个步骤。

第一步：预期管理

高性价比，就是让用户感觉到性能，能感动人心，价格厚道可信，也就是我们常说的，花小钱办大事。换个说法就是，让用户受益最大化，付出最小化。所以，高性价比也就是用户收益和用户代价的比值比较高（图6-7）。

$$性价比 = \frac{性能}{价格} = \frac{感动人心}{价格厚道} = \frac{用户收益}{用户代价}$$

图 6-7　性价比公式

重点就是解决用户受益最大化、代价最小化的问题，具体如图 6-8 所示。

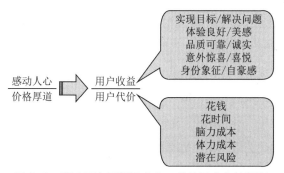

图 6-8　解决用户受益最大化、代价最小化的问题

用户受益最大化，需要从以下方面来达成：

- 实现目标：能够帮助用户解决核心问题；

- 体验良好：让用户感觉有美感，舒服；

- 品质可靠：让用户感觉到品牌和销售环节诚实可信；

- 意外惊喜：让用户有喜悦，甚至尖叫；

- 身份象征：让用户有自豪感。

用户代价最小化，我们需要从以下方面来达成：

- 花最少的钱：购买时都不用考虑价格因素；

- 花最少的时间成本：伸手就可以购买，无界零售、场景零售等；

- 花最少的脑力成本：不用思考就可以购买；
- 花最少的体力成本：送货上门；
- 购买后没有潜在风险：售后无忧、退换无忧。

第二步：降低成本

成本是一家企业的生命线，如果一家公司可以有效控制成本，就会拥有更强的生命力。不管是雷军还是马斯克，这些顶级的企业家都是成本控制的高手，永远行走在追求降低成本的道路上。

降低成本，是在不降低产品品质、性能的基础上，减少产品从设计、开发到采购、销售等环节所产生的成本，旨在提高产品的市场竞争力和企业收益。降本增效，是所有企业追求的核心目标，也是企业数字化转型的目标所在。

那如何来降低成本呢？我们可以通过以下三个方面来实现：

- 研究清楚产品的成本结构。成本结构是一件很复杂的事情，从营销角度出发，可以将产品成本简单分为：生产制造成本、营销成本、经营成本三部分。降低成本，需要充分考虑降低这三方面的成本，使成本透明化，将成本拆解到不能拆为止。
- 以用户乐意支付的价格为前提定价，先定价格，然后再完善产品方案。比如，小米的很多产品定价的时候都根本不考虑成本和竞争对手。
- 商业模式和营销模式的创新。如小米的成功得益于小米铁人三项的商业模式创新，通过线上电商直营模式，将手机行业需要加价40%~80%的营销成本降到了 5%~10%，所向披靡，奠定了全球销量前三的市场地位。

第三步：减法原则

大道至简，产品至简。不是所有的产品都要做成旗舰款，适合用户的才是最好的。这时候我们就要利用减法原则去做减法。

什么叫减法原则呢？减法原则就是满足 80% 用户的 80% 的产品需求就可以。学会做减法，将没必要的功能全部砍掉。少就是多，不在于你做了什么，而在于你做成了什么。

ROOBO（如步科技）公司是由一家由腾讯、360、龙图游戏等共同投资的人工智能创业公司。这家公司的经营管理团队不是来自清华、北大等高等学府，就是来自一线互联网公司。成立伊始，这家公司有钱、有人，又有着创业的黄金赛道。

团队成员也都准备好好干一场。所以，公司做了 2C（面向普通用户）行业的人工智能儿童陪伴机器人，做了 2B（面向企业）行业的人工智能解决方案，投资了智能硬件行业，又收购了海外智能机器人公司，一时成为行业的新宠，不是开发布会，就是去电视及各种媒体做分享。

但其产品没有一个做得好的。其第 1 款产品人工智能儿童陪伴机器人，只会简单地回答天气问题，讲讲儿童故事，大人看着无聊，小孩用着无趣。尽管第 1 款产品市场销售只有几百台，但是第 2 款产品已经开始开模，第 3 款产品的原稿设计也出来了，第 4 款产品已立项。每一次的经营管理会议，因为团队成员都出自名门，各种管理经验和实战经验层出不穷，但就是缺少一个能够专注、持续的解决问题的方法。

很快，不到三年半的时间，初始投资的 1 亿美元就花完了，但公司一个像样的产品也没有做出来，市场销售也只有几百万元。这样的创业案例比比皆是，如果 ROOBO 当初能够做减法，聚焦在一个行业、一个产品、一个市场策略，或许结果就会截然不同。就像 OpenAI 一样，十年磨一剑，天下皆惊。而小米最初的成功是做好了手机，大疆的成功是只做好了无人机，极米的成功是做好了投影仪。

创业公司和团队更需要做减法，不仅聚焦在产品市场。团队也需要做减法，不是人越多、越厉害就成效越大。就像马斯克对推特的改制一样，裁掉大部分的人后，成本大幅削减，但效率不降反升，业务照常进行。

那我们如何做好产品的减法呢？可以通过做好如下 5 个方面的工作：

- 清晰的产品定义：在产品设计前要明确产品目标，确定场景、用户、需求和痛点，明确产品的核心需求，以保证产品的关键功能不受影响，在减少无关部分的同时，保护产品核心功能。

- 重新定义产品：通过重新设计产品结构，让产品变得更加简单、易于使用，并减少不必要的部分。例如可以将一些功能合并为一个，以减少产品中的零部件数量。

- 设计产品极简：过多的视觉元素会使产品看起来过于复杂，可以减少视觉元素，使用简洁干净的设计，使产品更加易于使用。

- 重新评估需求功能：把产品放到使用场景中去，重新评估哪些是真需求，哪些是伪需求，按照优先级排序，专注于核心真需求功能，逐步迭代。
- 砍掉大多数功能：大刀阔斧地砍掉多余功能。在产品的开发过程中，要能大刀阔斧地砍掉多余功能，不要过于纠结。去掉不健全、不完整、没想清楚的功能，这些功能可能会给用户带来不好的体验，因此要果断去掉。

通过做好以上 5 个方面的工作，基本可以将产品变得更加简洁、易于使用，并且能够更好地满足用户需求。

第四步：价格体系

价格是最重要的用户体验，而价格一旦确定，在一段时间内很难改变。

现实生活中，用户更喜欢在电商平台大促期间，如"双11""618"等购买商品。电商大促的核心利益点就是降价，通过直降、打折、返券、买赠、满减、换购等多种形式，用户经常会看到五折、三折、满百返百、百亿补贴、两件三折等的形式，其根本就是价格折让，让用户感觉到大促期间，商品真的很便宜。

那么，商品真的有这么便宜吗？其实不然，电商平台是通过价格体系管理，让用户感觉到大促期间性价比高，从而疯狂采购。

那么如何做到价格的预期管理呢？

首先必须有明确的产品定位，一般产品定价的策略如图 6-9 所示。

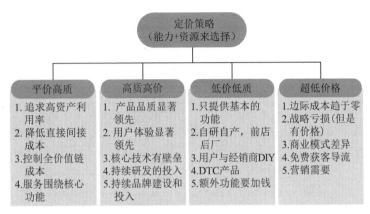

图 6-9 产品的定价策略

其次，要有明确的价格体系，给促销活动留出适当的利润空间，以满足打折促销的需求，最简单的价格体系如图 6-10 所示。

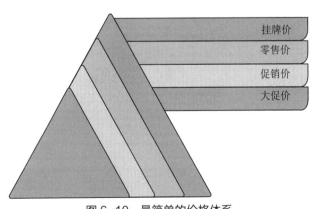

图 6-10 最简单的价格体系

最后，要学会如何去测算产品零售价格成本投入，可以使用表 6-2 所示的工具。

表6-2 国内电商产品营收测算工具表

主要项目	项目明细	测算		汇总
产品信息	品牌			
	产品型号			
	主要功能			
产品成本	BOM 成本			
	国内税率			
	含税价格			
	认证费用			
	售后率			
	售后费用			
	其他费用			
	出厂价格			
订单信息	零售价格			
	订单数量			
仓储费用	B2B 运费			
	B2C 运费			
	仓储费用			
平台费用	平台佣金			
	推广费用			
	营销费用			
利润预算	销售总额			
	毛利润额			
	毛利润率			
	净利润额			
	净利润率			
收益金额	美金			
	人民币			

总的来说，让用户感觉到价格便宜才是关键。品牌和产品要有一个明确的定价机制，然后确立价格体系，留出足够空间，用

于产业推广、营销和打折促销，算出需要的价格利润空间。

第五步：用户分层

用户的消费是分层的，同一产品，不同的用户对其性价比的感知是不同的。所以，超级单品的打造，首先要确定用户人群，分析其对性价比的感知和接受程度，对不同的用户主推不同性价比的产品。例如有人觉得苹果手机很贵，有人就觉得其是性价比最好的产品。

性价比不是最低价，也不是最高价。高性价比不是赔本赚吆喝，任何商业活动都要有利润空间来保证持续进行产品创新和用户体验与服务的改进。

人们购买产品时，都会选择性价比高的产品购买。但是，产品的性价比应该建立在相同的性能基础上，也就是说，如果没有一个相同的性能作为比较基础，得出的性价比是没有意义的。但我们可以对不同的人群，主推不同性价比的产品。

高品质

高品质，是超级单品的基础和根本。没有高品质，一切都是空谈。

有了高品质，超级单品才能卖好。有了高品质，品牌才能持续增长。有了高品质，企业才能持续经营。有了高品质，品牌才能成为一种信仰、一种文化。

那什么是高品质呢？高品质由谁来定义？高品质由谁说了算呢？

高品质不是专家讲的，不是检测机构检测的，也不是品牌自己宣传的，更不是所谓的"匠心"。而是用户使用完产品之后，其所付出的价格成本和感知得到的产品品质、体验、服务、品牌等方面的超预期体验。

所以，产品的高品质，最终由用户和用户的生活体验、由用户积累的使用感受和口碑来决定。不仅指产品本身，还包括服务、体验、品牌、情感等方面的共鸣。

高品质，就是超越用户的预期

雷军讲过，小米的成功，不是做产品，而是做用户，把产品和服务做到极致，更好地服务用户，通过微创新超越用户想象，实现成功。雷军最关心的两个核心问题，一是产品是否做好，二是用户是否满意。

用户是否满意，其核心就是对用户预期的管理。那我们如何做到超越用户的预期呢？以下 4 个方法可以帮助我们实现。

让用户参与到产品的开发与设计中来

让用户使用和体验都满意，就要让用户参与到产品的设计与开发中来，这个很重要。一旦用户参与进产品的开发与设计，就会认为是自己的产品，会跟爱护自己的孩子一样去关注产品。

比如，小米 SU7 产品发布之后，有用户反馈汽车尾翼的"XIAOMI"标识太大太丑。收集到用户反馈之后，小米经过评估，把"XIAOMI"标识变小，不仅变好看了，还受到用户一致的嘉奖。

打造用户对产品的良好口碑

口碑就是超越用户的预期，就是在一星级的场所能够享受到五星级的服务。只要超越用户的预期，就一定有好口碑。好的口碑，就一定有好的传播性。

如北京故宫周边的文创产品"朕的扇子"销售相当火爆，就是因为上面的字都是雍正御笔，包括"朕即福人矣""朕生平不负人""朕心寒之极"等。这款扇子拿在手里霸气，送人显阔气。极富创意的文案，使得这款扇子具有了很好的传播性。

打造用户的极致体验

这一点说白了就是要让用户爽。为了让用户爽，MIUI曾经推出一个智能群发的产品。当时大家还在用短信拜年，群发短信显得诚意不足。当时MIUI做了群发称呼，就是在群发时可以插入称呼。这一产品的功能就给了用户很好的体验，不仅省去了编辑称呼的时间，也显得自己有很大的诚意。

让用户对产品体验可视、可感知、可触摸

能够直接可视、可触摸、可感知的体验，就是让体验看得到、摸得着。

如苹果的铝合金外壳、超薄的机身，这些都是用户可以触摸到的。乔布斯打造硬体验的一个重点就是干掉电脑的开关键，其实制造这种硬体验是很难的，因为它要平衡硬件技术与用户之间的关系。因为难，所以才显得珍贵。

高品质，就是感动用户的服务体系

服务是超级单品的重要组成部分，也可以说是超级单品的另一半。好的服务就是用心、贴心、暖心，让用户感到温暖。

好的服务是专业，没有专业的服务，还不如不服务。

好的服务需要流程、标准、体系，但更为重要的是让用户感到温暖，感动用户。

　　就好比企业经营中经常提到，"最好的服务是感动，最好的沟通是好体验，最好的营销是口碑"。这句话的含义是，提供优质的服务、良好的沟通体验以及良好的口碑营销，可以使企业建立良好的品牌形象，赢得客户的信任和支持。

高品质并不是要产品做到 100 分

　　超级单品，应该以完美主义来开发产品，每款产品都应是匠心的体现，力求震撼人心。但我们也要深刻认识到，世界上并不存在完美的产品，完美是相对的，是阶段性的，需要通过不断地创新和迭代，让产品越来越好地改善用户的生活，给他们带来美好的体验。

　　产品不可能一次就做到 100 分，因为每个用户对产品的预期都是不一样的，如用户对苹果手机 iPhone 的评价就褒贬不一。

　　在决策超级单品上市时，满足什么条件才能上市呢？要打100 分、80 分，还是 60 分？其实不管多少分都不是从用户的视角出发，我们要看用户对产品的评价。产品上市只需要满足两个条件：一是产品能够更好地满足用户的核心使用需求；二是相较于竞品能够保持相对竞争优势。

　　用户并非追逐完美的产品，而是要更好一些的产品、有亮点的产品，能更好地满足他们的需求。接下来，就需要不断创新、改进、迭代产品，形成一个系列的产品矩阵。

　　更为重要的是，产品在满足用户使用价值需求的同时，也要方便用户使用，并有舒适享受之感。

　　如洗衣机除了能够洗净衣物，安装也要方便、操作也要简单，操作时还不用弯腰。

再如小米空气净化器，其之所以能够打败竞争对手，销售超百亿元，就是因为简化后的一键操作。

要做到产品的高品质，每个行业、每家企业、每个品牌、每款产品都有自己的方式方法和策略，但殊途同归，其最终都要以用户为核心。

创新五策：五个创新核心策略，打造极致超级单品

创新是一个企业发展的源动力，创新能力也是企业的核心竞争力。

小米之所以能够成为移动互联网时代优秀的企业之一，打造出小米科技生态体系，就是靠一项项颠覆式的创新。商业模式创新解决了流量来源的问题；生态链的创新解决了商品供应链的问题；粉丝营销的创新解决了营销的问题；一项项产品概念的创新，打造了很多品类第一的超级产品。

所有的创新，都不是一蹴而就，而是长期对一个事物的坚持与执着。

小米手机的成功就是始终坚持"技术为本"，做最酷的产品，通过不断地试错、创新、改进、迭代、升维和坚持，小米手机一直以来都在积极推动技术的创新和进步。

小米手机是国内首家推出全面屏手机的品牌，通过尽可能减小屏幕边框，最大限度地提升了屏幕显示效果。小米手机还是早期采用陶瓷机身的手机制造商之一，为手机提供了更好的质感和耐用性。而在摄影领域，小米手机也不断引入新的技术，将手机

的摄影功能提升到了新的高度。

创新，需要小步快跑，快速迭代。

产品快速迭代就是根据用户的反馈，不停迭代和更新。换句话说，在快速迭代的机制下，没有完美的产品，只有更好的产品。在互联网的世界里，没有什么能经得起快速迭代。

小米手机把快速迭代当作公司最重要的武器。甚至小米手机的操作系统 MIUI 建立了一个每周都迭代的机制。这种每周迭代的设计，变成了小米一个非常重要的节点："橙色星期五"。MTUI 开发版每周五下午 5 点发布，小米的手机系统 MIUI 就会升级。这个"橙色星期五"深刻影响着小米产品的设计和完善。每周开发版发布，MIUI 社区的点击数都有几十万、上百万。

创新，小团队就是特种兵，能干大事。

小的团队就如小的家庭。在很多项目中，最糟糕的经常是项目组里人太多。把权力下放给小团队，他们通常能干出大事儿。一个虑事周全、全力以赴的小团体是不可小觑的，他们也许能改变世界。

如海尔在互联网大潮冲击下，实行的人单合一小微化企业改造，就是将大部门小微企业化，打造特种兵。海尔"小微企业"成立之后，雷神笔记本团队在深入挖掘了 3000 万用户数据之后，整理出十多个痛点，然后整合代工厂和设计等社会资源，在一年内做到了行业第二。这些成绩表明海尔实行"小微企业"打造特种兵策略的成功。

那我们如何来实现创新呢？

超级单品的创新，不仅是产品的创新，还有商业模式、营销策略、用户经营、供应链能力、管理水平、数字化工具、渠道模式等的创新。以下五个创新策略，能让超级单品的经营走向成功。

策略一：丛林法则

科学技术创新，永远是创新的核心，也是最有效的创新方式。但是，科学技术创新是一个具有很大不确定性的随机过程，涉及许多相关环节和众多影响因素。

科学技术创新的过程中需要相应的投入，这种投入不仅存在于技术的研究开发阶段，还可能延伸到生产经营管理阶段和市场营销阶段。

这些投入能否顺利实现价值的补偿，则受到许多不确定因素的影响，既有来自技术本身的不确定性，也有来自市场、社会、政治的不确定性，这些因素可能最终导致投入难以获得回报。据统计，大约有 90% 的创新技术在进入市场前夭折，可见技术创新具有较高的风险性。

存量市场之下，很多中小企业的资本储备和人才储备有限，不一定都能看到科学技术创新成果的出现。因此，不是所有的企业都可以做到科学技术创新，大企业做科学技术创新，小企业做应用层面创新、服务创新未尝不可。

创新，并不一定要标新立异、推陈出新，而是用自己的方式去满足用户的需求就可以。这就是一个竞合博弈的过程，也是优胜劣汰、弱肉强食的过程，既有趣又残酷。这就是丛林法则。

在商业竞争中，丛林法则可以说是一个最普遍的规律。

在一个行业中，当新兴企业冒头的时候，行业中的强者、领先者很可能干的一件事就是打价格战，通过低价来猎杀新兴企业。或是到新兴企业去挖它的核心员工，或者直接通过资本收购新兴企业。

无论是拼价格、拼人才还是拼资本，企业间的竞争所遵循的都是丛林法则。

要在竞争博弈中通过丛林法则胜出，要抓住三个核心要点。

1. 捕捉机遇，不断进化，形成壁垒，构建生态体系

超级单品的发展靠迭代，自然的发展靠进化，都需要捕捉机遇，选择大于努力，这也都是创新。超级单品有以下三种市场机遇点，可有意识捕捉。

（1）技术出现拐点的时候

利用新技术替代旧技术，对于技术的应用场景创新，服务内容创新，对技术完善提供支持，等等，都是创新机会点。

如大模型技术出现后，基于大模型应用的开发，大模型对行业赋能等都需要创新发展。再如雾化技术的出现，电子烟替代香烟的发展。

（2）市场出现拐点的时候

市场面临转型或者主要竞争对手遇到问题时，冲上去，替代它。

2016 年三星 Galaxy Note7 爆炸导致的电池门事件后，华为、小米、OPPO、vivo 迅速抓住机遇，一起将三星手机在中国市场 30% 多的占比迅速吃掉。华为分到高端市场，小米分到中低端市场，OPPO 和 vivo 则迅速占领线下市场。

（3）产业面临转型的时候

每个产业，发展到一定阶段都会转型，要善于找规律。

如家电行业面临转型，智能家电崛起，全屋智能家电才是未来。再如现在所有行业都面临数字化转型，对一些企业来讲是机遇，对另外一些企业来说则是被替代的危机。

2. 傲立"丛林法则"食物链的顶端，掌握底层技术

这个比较简单，就是能否通过持续迭代、创新，抓住一两项核心技术、专利技术，或推动行业发展，或形成竞争优势。

芯片行业，华为打造的鸿蒙系统，都是构建食物链顶端的技术优势。

3. 换种方式竞争，满足用户需求

最好的竞争，就是不去竞争。产品创新的核心目的就是满足用户需求，解决用户的痛点。只要用户开心了就可以，并不是非要跟竞争对手死磕到底，这也是创新。

用户口渴可以卖纯净水给用户，可以卖元气森林给客户，可以请用户去茶馆喝茶，也可以给用户打口井，还可以给用户铺设自来水管道。

策略二：场景定义

场景定义法，是做超级单品的核心方法体系。数字科技的发展，给我们带来了在用户的生活场景中去触达用户的各种方式和工具。

做一个产品到底应该从哪里出发，常规做法就是从市场需求调研开始。而超级单品要从用户生活的数智化生活场景出发。

场景定义法，就是把用户放到数智化的生活场景当中去研究，用研究用户的生活替代研究产品。

先把用户放到生活场景中，再研究用户在生活场景当中有什么样的需求，需求后面一定隐藏着用户痛点，超级单品创新的目标就是解决用户的痛点（图 6-11）。

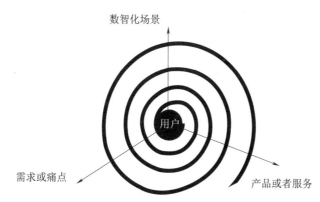

图 6-11　把用户放到数智化的生活场景当中去研究

解决用户的痛点，或许需要产品，或许需要服务，或许需要倾诉，或许什么也不需要，只需要深挖场景中的用户痛点。

策略三：减法原则

大道至简，产品至简。不是所有的产品都要做成旗舰款，适合用户的才是最好的。这时候就要去做减法，需要利用减法原则。

减法原则就是满足 80% 用户的 80% 的需求就可以。

商业世界里，管理公司和产品，都需要做减法。真正的高手，都会做减法。1997 年，乔布斯回到苹果之后的第一件事，是先砍掉了 70% 的不挣钱的产品线，如打印机和服务器，然后重点规划 4 款产品，这 4 款产品就是现在大名鼎鼎的 iPhone、

MacBook、iMac 和 iPad。iPhone 产品的规划更是做减法，把摄像机、音乐播放器、移动电话等产品功能简化到一个产品上面，才有了今天智能手机的发展。

做产品需要做减法，做人也需要做减法，我们不可能做好每一件事情，而人性的本能和欲望驱使我们去多做一点事情，期望收获更多。这往往事与愿违，可能多做的这点事情会带来更多的问题，为了解决问题，我们需要源源不断地把这件事情做下去，到后来却发现，目标已经发生了变化。阻止一个人有所成就的最好方式，是让他把所有事情都做好。

超级单品就是需要给产品做减法，聚焦在产品的核心功能，将核心功能做到极致，解决好用户的核心需求，给用户带来完美的产品体验，形成良好的口碑，能达到自我营销和传播。以超级单品带动品牌发展，让用户始于颜值，陷于品质，忠于品牌。

每款成功的超级单品，都是利用减法原则，聚焦于品类，聚焦于用户，聚焦于场景，聚焦于产品。每个成功的超级单品都是集中优势资源，专注于做好一个产品，把这个产品做到 100 分。产品的功能也是一样，不是每款产品都需要做成旗舰款，而是需要抓住用户的核心需求功能，把它做到极致。

策略四：三一原则

超级单品创新的"三一原则"，就是用三个"一"，来重新包装超级单品，给用户全新的认知。这三个"一"就是：一个好听的名字、一句好记的广告语、一段好看的短视频。

"三一原则"就是让用户一听就有感，一说就记住，一看就喜欢。下面我们以王老吉为例，看看它是如何使用"三一原则"的。

一个好听的名字

王老吉的名称来源于济世利人的"阿吉凉茶"。王老吉创始人王泽邦一生嗜医好药，从广东古劳茶山采药归来，就在自己开的药材铺里卖药诊症，一般病人服下他的三五味药便可病除身健。他医德好，不分贫富，不摆架子，当地街坊邻居都惯叫他的乳名"阿吉"。

相传清朝道光年间，广东瘟疫流行，阿吉举家上山避疫，得到一位搭救他的神秘道长赠予的凉茶秘方。该凉茶以 10 余种草药配制成独家凉茶，专为日常清热解毒之用。很多人饮用后立见其效。后来阿吉迁居广州谋生，在广州十三行开设了凉茶铺。他将自己做出的药茶命名为"阿吉凉茶"，每天和妻子一起售卖煲好的凉茶。

1839 年，禁烟大臣林则徐奉旨入广东查禁鸦片，因舟车劳顿及水土不服，患上暑热等症，经饮用"阿吉凉茶"后痊愈。后来林公特意将刻有"王老吉"三字的大铜葫芦赠予"阿吉凉茶"创始人王泽邦，这才有了之后的王老吉。

用"王老吉"给凉茶品牌命名，既有文化厚重感，又方便记忆。

一句好记的广告语

王老吉采用了"怕上火喝王老吉"的广告语，强调其产品祛火降燥的功效，向消费者传递出"王老吉能够解决上火问题"的信息。这一广告语简单易记，深受消费者的喜爱，成为王老吉的标志性口号。

一段好看的短视频

"怕上火喝红罐王老吉"的短视频，从传统媒体到自媒体不间断传播，很快就在消费者群体建立了第一认知，积累了口碑。

这样可以在碎片化的时代，降低品牌传播的成本和经营难度。

策略五：极致简单

极致简单，是做超级单品王炸的原则。当产品创新不知道怎么做的时候，就只有一个原则，往简单了做，越简单越好。

iPhone 之所以是最优秀的产品，就是因为 iPhone 出现，做了太多的极致简单的工作。首先它把传统电话、照相机、摄像机等的功能简化到了一个产品中，出门只带一个手机就好了。其次，iPhone 把所有形态的电话最终简化成一个直板形态的产品，至今没有品牌能够超越。

人性是懒惰的，能让用户变懒的产品都是好产品，让用户变懒才是好商业。超级单品能让用户躺着使用，就不要让用户站着使用；能让用户一键使用，就不要给她第二种方法去做选择。

当然，极致简单不是偷工减料、粗制滥造，而是让用户少动脑、少用时、节约空间、节约成本。让用户少选择，甚至不选择。如小米之家、无印良品产品都是已经给用户选择好了的。让用户少动手，甚至不动手。如人工智能音箱可以控制全屋家电。

极致简单，是创新的重要原则。

第 7 章

超级衍生

超级单品蜕变为真正意义上的品牌还需要具有衍生能力，也就是超级单品能够完成自我进化，扩展产品品类序列，带来品牌的长效增长。

道法有云，"道生一，一生二，二生三，三生万物"。从《易经》中衍生的各种文化流派及现象构成了中华文明多姿多彩的画卷。

超级单品的成功，是道，是过程，最终目的是为了衍生而存在。超级单品最终要衍生成为品牌，驱动品牌的增长。

所以，超级单品的成功，还不是品牌的成功。超级单品蜕变为真正意义上的品牌还需要具有衍生能力，也就是超级单品能够完成自我进化，扩展产品品类序列，带来品牌的长效增长。超级单品的这种衍生能力，是超级单品要具备的核心能力，本质上也是该品牌能力的溢出。

超级单品，就是通过超级衍生的超级迭代和品类拓展，生成品牌，从而构建品牌增长，形成品牌力。

品类拓展，是开枝散叶、兴旺门庭、生生不息，是做宽度、形成产品矩阵、构建生态体系，形成品牌竞争力。最后通过形成一个具有数字化经营管理能力的数字组织，保障超级单品战略高效执行落地。

超级迭代：纵向发展，落地生根，自我进化

超级衍生能力让超级单品能够完成自我进化，这个过程就是超级迭代的过程。

任何产品的成功，都不是一蹴而就的，都是长期对一个产品的坚持和专注的奖励，包括超级单品。

超级单品，就是通过持续不断的"创新+迭代"机制，不断地自我进化、自我迭代，趋近于成为用户心目中最完美的产品，能够更好地服务于用户，让企业始终为用户提供好的产品。这就是超级迭代。

超级迭代也是一种试错机制，可以迅速纠正和校正产品的失误。

超级迭代，要自适应式进化

打造超级单品，企业需要学会适应环境的变化而进化发展。即，企业还要增强自身适应环境的进化能力。

在社会环境和商业环境相对稳定的时期，做出优秀品牌相对容易，但当下，数智化变革、消费降级、存量竞争、用户主权等一系列重大变化正在持续发生，这些变化给企业造成很多影响，有的企业出现了减薪、裁员，有的企业则直接倒闭。

"收缩""裁员""求生"，是一些企业真实的生存现状，存量市场竞争之下，做产品、做品牌会更难。但即便是在寒冬，也有生命力顽强的生物种类在成长、在进化。换言之，做超级单品、做优秀品牌，要增强自身适应环境的进化能力。

所以，超级单品的超级迭代，就有两个重点：自适应和进化。

1. 自适应，是顶级思维模式

做产品也要学会适应环境的变化。当供应链、技术、用户、需求、环境发生变化的时候，做产品和经营企业，以及做人做事，都需要去适应变化。

如用户消费行为的变化会导致产品经营模式的变化。以前用户消费是商品主导、品牌主导或者渠道主导，也就是说，有什么商品用户就买什么，品牌卖什么用户就买什么，渠道主推什么用户就买什么。但随着品牌数量增加，渠道的相似性越来越高，用户的选择更多，想买什么就买什么，想在哪里买都能买到，消费进入用户主权的时代。这时候，就需要品牌以研究用户生活方式替代研究产品本身，品牌要以用户为首要目标去连接业务，实现利益协同。

2. 进化，是在自适应中不断成长

进化的关键不在于是否变得越来越强大，而在于能否适应环境的变化，并针对这种变化快速做出应对。

认知是进化的边界，一个产品、一个品牌、一家企业进化的上限，就是经营者的认知边界。企业和人一样，永远赚不到其认知范围之外的钱，除非天上真的掉馅饼。

依靠运气获得的财富，最后往往会因为认知、能力等不足而亏损掉。因此，创业者赚的每一分钱，都是对这个世界认知的变现；亏的每一分钱，都是因为对这个世界还有认知缺陷。

学习是进化最好的方式，也是提升认知最高效的方式。向成功人士学习，向成功经验学习，向优秀品牌学习，都可以提升认知，扩大进化边界，很好地完成进化和成长。

在一次自行车行业论坛大会上，有个独具匠心的老企业家宣称，企业未来的重点是要做 10 年都骑不坏的自行车。为此，企业需要整合供应链，研发新材料，新技术，加强产线的投资等。这些话让在场的很多人吓出了一身冷汗。用户是不是需要一辆自行车骑 10 年，10 年后自行车行业的新技术、新发展、新应用会让自行车变成什么样都是未知。新的替代方案会不会出现，10 年后用户需不需要自行车，也都不好说。这种进化发展，就没有考虑适应环境的变化。

3. 自适应式的进化，才是超级迭代的第一性原理

超级迭代，迭代的不仅是超级单品，还是企业和管理者自我进化的迭代、思维模式的迭代，更是企业经营、用户管理、数字营销、电商运营、技术应用的能力迭代。这才是超级迭代的核心。

超级迭代，让用户参与反馈

什么是好产品，最终是由用户的感知说了算。所以，超级单品的迭代，一定是以用户的参与和反馈为核心和方向。

雷军讲过，"小米的发展不再是'闭门造车'，而是通过网络，通过用户反馈的消费体验，然后在此基础上进行创新、迭代、改进，这就是小米的竞争力"。

用户型企业最重要的特征就在于用户的参与感与归属感。

产品思维转变到以用户为主的用户思维，并不是要 24 小时待命，解决用户所有问题和需求，而是要将产品、营销、服务、品牌、渠道、技术等，真正以开放的心态打造用户参与感与归属感，建立一个与用户共同成长的品牌，这才是用户思维的本质。小米、蔚来、小鹏等都是这么做的，蔚来甚至把自己定义为用户所拥有的品牌。

这个过程需要用户触点数字化，全域、全流程数字化，让用户参与进来，收集用户的反馈信息（图 7-1）。

如公域流量平台京东、淘宝、天猫、抖音、快手、小红书、微信小程序、企业官网等都是很好的用户数字化触点，手机、智能汽车、扫地机器、智能门锁、智能穿戴设备等，都在用户参与、收集用户反馈方面做得很好。

这个过程也需要用户路径数字化，需要在每个节点上设计互动话题，开展促销活动，给用户利益，让用户参与到反馈中来。

如何让用户积极地参与到反馈过程中来呢？除了全域全流程数字化之外，还需要注意如下三个方面：

1. 开放参与节点

开放做产品、做服务、做品牌、做销售的过程，找出企业和用户共赢的节点。双方获益，参与才可持续。越是刚需，参与的人越多。

2. 设计互动方式

互动方式的设计遵循简单、获益、有趣和真实的设计思路，

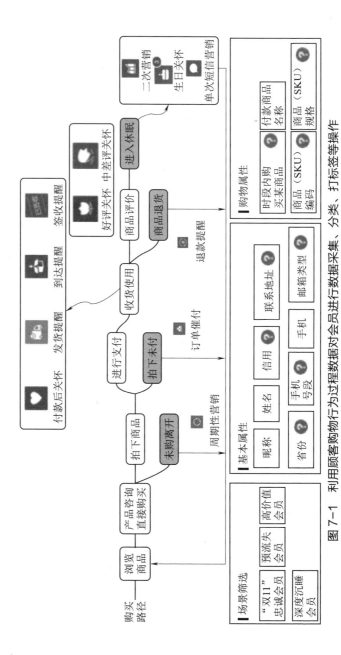

图 7-1 利用顾客购物行为过程数据对会员进行数据采集、分类、打标签等操作

同时需要持续改进。重点是每一个环节要给用户利益点，利益越大，用户参与度越高。

3. 扩散话题事件

先以天使用户为起点，小范围发酵参与感。把互动内容做成话题，做成可传播事件，让口碑裂变，让参与感形成螺旋式上升的裂变效应。

企业内部要构建一套完善的用户研究和评估测试流程，基于用户反馈对产品设计进行迭代，不断调整和改良产品设计，以达到提升产品质量的目的。

品类拓展：横向发展，开枝散叶，繁衍传承

超级单品的成功，就是为了能衍生一类具有家族面貌的产品系列，形成产品矩阵，提升产品整体的竞争优势，形成壁垒。产品之间互相赋能，最终形成品牌优势，企业也成为优秀企业。

当一个超级产品要蜕变为一个真正的品牌时，它的衍生能力可以扩展产品品类序列，带来品牌的长期增长。

通过扩展产品品类系列，可以在相关需求细分领域中形成竞争优势，提高用户复用。通过整个产品阵营，企业可以应对竞争者模仿、追随、抄袭的挑战，逐步建立品牌壁垒，形成跨维度或差异化的竞争优势，并将其他产品拒之门外。

如小米从手机拓展到小米电视，又拓展到智能家电的各个方面，每一个领域总有一两款商品成为品类冠军，成为超级单品。

我们先来看看，小米是如何做品类拓展的。

一个案例，看懂品类拓展

小米无疑是移动互联网时代的优秀企业，其成功很重要的一个原因就是，小米在硬件、软件、内容方面三箭齐发，形成了自己的科技生态，也形成了竞争优势。

在硬件产品方面，小米的手机、电视、空调、冰箱、洗衣机、门锁、扫地机器人、空气净化器、电饭煲、热水器甚至拉杆箱等产品都取得了成功。

在软件产品方面，MIUI、米家、小米有品、TVOS、澎湃OS、Mi TV、Watch OS、音乐、视频、公开课、天气、计算器、闹钟等产品都取得了成功。

在内容资源方面，小米视频、爱奇艺、新闻、百科问答、闲聊笑话、名人名言、星座运势、每日英语、饮食百科、儿童故事、亲戚称呼等产品都取得了成功。

这样，三箭齐发，上层为硬件，底层为软件，硬件和软件里面跑的是内容，硬件是骨骼，软件是肌肉，内容是血液，一个完整的生命体才得以鲜活，以此形成产品矩阵体系。再辅以人工智能技术，将智能硬件、内容及服务有效、有机地结合在一起，相互赋能，相互促进，相互转化，形成生态竞争优势和品牌的护城河。包括小米的智能音箱小爱同学正在成为不同场景的"第一入口"。

有些企业学习小米，或者只学习小米做硬件产品，没有看到硬件后面的软件产品，或者看到了软硬件产品都要做，但忘了做内容，总是缺那么一环，就学得没有结果。

所以，品类的拓展，不仅硬件要做好，软件要跟上，还要有内容作为配合，要底层打通，软硬件都要硬。软件就是用户的触点，内容就是用户的生活。

品类拓展，要传承式繁衍

小米通过品类拓展，形成了小米科技生态的竞争优势，成为行业第一，是品类拓展最为成功的案例，值得深入研究和学习。那如何做好品类的拓展？

第一："效率"优先，要大船变战队

有序地拓展品类，就是高效帮助品牌实现高速增长。

小米为了实现高效率的品类拓展模式，没有采用传统企业的事业部制模式实现品类拓展，而是通过创新改变，采用更为高效的生态链模式，投资品类中优势的企业、创业团队甚至个人。这样一下就把一个传统企业拓展品类的事业部，变成了效率更高的创业公司。

事业部制往往会导致部门壁垒、沟通难度和管理成本上升、人才缺失等问题。而创业公司的团队成员都有品牌梦，为了追求目标和更好地活着，所有人都在拼命工作，效率更高，问题更少，也是专业的人干专业的事情。

第二：先传承，再繁衍

很多时候，企业为了追求销售增长，盲目拓展品类，结果拓

展出来的新品根本就卖不动，产生一堆库存。

品类拓展的核心目标是什么呢？

我们要知道，用户购买，不是结束，而是刚刚开始。

品类拓展的目标，就是链接用户。用不断拓宽品类的产品系列，链接用户，为用户解决需求，提供服务，创造生活方式。

用户之所以购买新增品类的产品，就是因为信任之前主力品类的产品以及品牌，也就是说，总有几个主力品类的特色吸引用户继续下单。

新拓展的品类也要延续用户的这种喜爱，要传承品牌的DNA（基因），比如设计风格、产品外观、使用体验等。

第三：相互赋能，不能孤立发展

超级单品以用户为重，用户的生活是多维的，因为多维才多姿多彩。品类拓展就是给用户创造多姿多彩的生活。

要传承品牌或者超级单品的血脉，就要依靠超级单品积累的资产，对新品类赋能。

积累的资本，开发的渠道和客户资源，品牌营销的经营，供应链的资源，产品开发的经营和体系，对用户的研究和洞察，产品设计的风格，交互模式，等等，都是资产。这些资产要数字化，然后赋能给其他公司的产品。

品类拓展就是把积累的资本、渠道、品牌营销经营、供应链管理的能力、产品经营的经验、用户研究的成果、设计的风格等，同步赋能给经营产品的产品线或者产品开发的生态公司等，品类拓展赋能矩阵结构如图 7-2 所示。

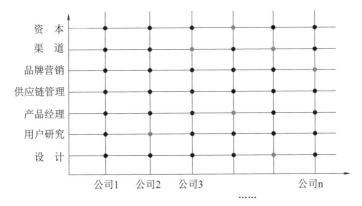

图 7-2 品类拓展赋能矩阵结构图

理想就是聚焦超级单品，积累供应链优势，单车大量，供应商合作配合度高，厂家议价能力也强。

第四：同类品类，拓展繁衍

同类，就是在品类属性上具有相同特征的或在同行业进行拓展，如家电行业、厨电行业、小家电行业、食品饮料行业等。

同类品类拓展，就是依据相关性进行链式拓展衍生。采用品牌共享、渠道共享、用户共享、数据共享、经验共享、人才共享等，将功能相近、技术相通（只需一些技术延伸）的产品等进行衍生开发。

比如，美的就是由最初的美的风扇拓展到了美的大家电产品，通过图 7-3 可见美的同类延伸链式拓展繁衍的路径。

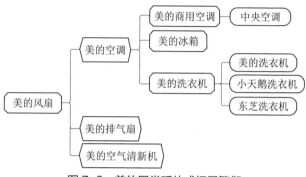

图 7-3　美的同类延伸式拓展繁衍

品类拓展，要有家族面貌

品类拓展出来的新品类、新产品，要让用户一看就是一家子，最大的忌讳就是山寨。

如苹果的产品一看就很苹果，小米的产品一看也很小米，简约、易用，多为白色或黑色，性价比很高。

超级迭代，也是为了延续这种家族风，继承式发展。上阵父子兵，打虎亲兄弟。举家上阵，才能走得更稳更远。

如美的的多品类拓展衍生的过程，就是始终围绕自己的核心能力、核心技术向相关领域扩张，从不贸然向其他领域进军。扩张不跟风、不冒进，积极稳健，上一个项目成功一个项目。

正因为美的家族式的对外拓展，才形成了其今天在全球家电行业尤其是白色家电行业中，可能是唯一一家全产业链、全产品线的市场地位。更难能可贵的是，美的大多数家电产品的市场占有率都数一数二，在中国市场乃至全球市场排名第一的产品也不在少数。大家电体系，从家用空调到商用空调到大型中央空调，再从空调到冰箱、洗衣机进行拓展，然后再延伸到照明、楼宇等领域；小家电体系，则是从风扇、电饭煲、电暖器不断延伸至空气清新机、吸尘器、微波炉、饮水机、电磁炉、电压力锅、电水壶、豆浆机、洗碗机、燃气灶、抽油烟机等环境类小家电、生活类小家电、厨房类小家电。

对于超级单品来讲，家族化衍生已经成为一种品牌增长的核心方式，其表现的维度不再只有简单扩充，或者多做几个产品，而是向着愈发丰富的方向，围绕用户的生活场景，抓住用户标签，有序衍生，让"家族优势"更具市场竞争力。

数字组织：成功的保障，品牌增长的基石

超级单品的成功不仅是产品的成功、品牌的成功，更是企业的成功。一个成功的企业，必须有正确的战略和高效的组织能力。

企业成功＝正确战略＋组织能力

通过前文的讨论，我们可以确定企业的正确战略就是聚焦核心资源打造超级单品，择高而立，成为品类冠军，通过超级单品驱动品牌增长。

但一流的战略，如果没有高效执行去落地，就还是一纸空文。高效的组织能力才能保障超级单品成功，确保品牌持续增长，推动企业持续成功。

这样的组织就是数字化的组织，目前，数字化组织是所有企业组织当中最为高效的。

要想打造真正的数字化超级单品，就需要一个超级的数字化组织。这种超级的数字化组织也是组织的进化，从最早的机械型组织向生态型的数字化组织转变。数字化的组织，不是选项，而是终局。

今天，超级单品面对的竞争对手都是超大规模的强大个体。这种强大个体对于超级单品来说，既是威胁，又是机遇。威胁指其规模大、耐力强、韧性高，常规竞争很难对抗。机遇指的是这种强大个体容易效率低、反应慢。

要将这种竞争格局变成优势，在变化的环境中找到确定性经营方法，提升组织运营效率，就必须打造更为高效的数字化组织。

数字化组织，是超级单品成功的保障

超级单品，以用户为中心，以数字化为抓手，以数据研究为基础，以数字决策为导向，以数字营销为手段，从线上到线下，从公域到私域，最终实现用户数字化、品牌数字化、渠道数字化和营销数字化，打造品类冠军。

超级单品模式，全场景、全链路、全渠道、全流程都数字化发展。这个过程也帮助企业实现组织数字化转型，实现业务、人才、决策、流程、思维的数字化建设。

1. 数字化组织，更强调用户导向的管理

"以用户为中心""顾客就是上帝""用户至上"……这些表达我们已经听了太多，从来也没有哪个企业会说自己不是以客户为中心的。

但更多时候企业只是把它当作"口号"喊一喊，无法真正做到"以用户为导向"。原因很简单，传统企业一直是以"产品为导向"形成组织架构模式，也就是传统的组织结构。

而这种组织架构是典型的职能型、金字塔式的组织结构，会让整个组织的目光都盯向领导，而不是用户。

而数字化的组织，以用户为中心，以数字化场景为体现，以数字化触点为抓手，让这种模式得以落地和实现。如现代管理学之父彼得·德鲁克所说的："企业存在的唯一目的就是创造用户价值"。

2．数字化组织，能保障业务数字化发展

数字化组织要实现以用户为中心的组织数字化，包括管理数字化、业务数字化、营销数字化、人才数字化和制造数字化。

管理数字化涉及组织管理的人、财、物、事；业务数字化涉及产品的产、研、供、存；营销数字化涉及产品的推广、拉新、转化、留存；人才数字化就是人员的招聘、培养、绩效、考核、留存都要全面数字化。

3．数字化组织，更注重员工自主创新性

数字化时代，员工的自主性和创新性成为组织和管理的重要特征。员工可以更加便捷地获取知识和信息，从而更好地发挥自己的创新能力。

同时，数字化时代也催生了新型的组织形式，这些组织形式也更加注重员工的自主性和创新性。

数字化时代，员工参与的管理变得更加重要。组织和管理者可以通过数字技术和社交媒体，与员工进行沟通、交流、反馈和协作，使得员工参与到组织和管理的决策和实施中。

员工参与下的管理可以提高员工的归属感和忠诚度，增强组织的凝聚力和竞争力。

这种强调员工自主性和创新性的组织与管理方式，能够激发员工的积极性和创造力，从而提高组织的灵活性和创新能力。

4．数字化组织，更好地全球大协作协同

企业管理中最难的问题，就是协作协同。区域、地域、文化的不同，导致企业耗费了大量的时间和成本在协同和沟通上。

三年新冠疫情助推，数字化技术和组织的结合，工作方式和沟通工具摆脱了办公室的束缚，重构了工作，使其更有效率、更充实、更公平。

而数字化组织利用数字技术，也正在改变工作中的员工生态系统。组织利用技术创建了更多样化的跨界团队，工作变得不那么事务性和常规化了，创造力和创新性自然迸发。另外，这样的数字组织也更容易吸引年轻员工，年轻人才更懂年轻人，才能更好地创造年轻人喜欢的超级单品。

数字意识，要植入组织管理中

什么是数字意识？就是要以用户为中心，以数据来驱动决策，数字是第一思维要素。要有通过数字和数字化工具解决问题的第一思维模式。

　　没有数据就没有决策，以数据目标为导向，让投入的每一笔钱都算数，用数据来说话等，这都是数字意识的体现。

　　数字化时代，数据成为组织和管理的重要资源之一。通过数字化技术，企业可以采集和分析大量数据，从而更好地了解市场和客户需求，优化供应链和生产流程等。同时，数据驱动的决策也成了数字化时代管理的核心。

　　通过数据分析，企业可以更准确地预测市场趋势和用户需求，及时调整战略和决策。这种数据驱动的决策方式，使得企业能够更快地做出正确的决策，提高组织的效率和竞争力。

数字化组织，重塑组织的底层哲学

　　数字化组织，以用户为中心，一切以用户为导向，以数据为依据，让数据在整个组织的上下层级中与左右职能间能进行高效传输和共享，让所有人都能听见"炮火"。只有这样的组织架构，才能激活组织里每一个人的主观能动性，让组织里的每一个人都以用户为导向进行自主管理。

　　数字化组织的核心，就是协同品牌的增长，提升团队效率。数字化组织应该来源于实战，应用到实战中去。离开实战的数字化组织都是纸上谈兵，误人误己。站在企业的角度，并辅以数字化工具，从实际出发，适用、好用、合适的就是好组织。

　　最好的组织，就是团队一起参与建设的组织。最好的组织，也是人和系统的有机结合，共赢共生。